どんなピンチも
女を謳歌しながら
乗り越えた。

借金28億円を抱えた
シングルマザーの
奇跡を起こす
逆転マインド

私、やりたいことは、
決してあきらめない！

HOW TO BE SUCCESSFUL
IN A FEMININE WAY

池端美和
IKEHATA MIWA

はじめに

やりたいことを決してあきらめないで!

日本人は不幸な話が大好きなのでしょうか?
負債28億円という絶体絶命のピンチやシングルマザーに対する固定概念や偏見など、様々な苦い思いを噛み締めて猜疑心を抱きながら生きてきた私が、どのようにして今のようなスタイルに変えることができたのか……。

本書を書くことをずいぶんためらいました。なぜなら、私たち家族の苦しい日々や、辛くて情けないと思った過去の醜悪な感情が蘇ってくるからです。

執筆中にも過去が彷彿とされて、何度も涙を流しながら書き進めました。
ずっと忘れてしまいたいと思った日々のことなので、なぜ今になって書いているのか、自分でも不思議に思います。しかし、過去の不幸話を書いて、お涙頂戴といった同情を集めたいとか、自叙伝を書いて自慢話がしたいとかいうわけではないのです。

こんなえぐりだすような、あけっぴろげにさらけだした内容を書くことは、家族にも申し訳ないとさえ思います。

しかしながら、それでも書こうと決めたのは、たった一つの想いがあったからです。

こんな絶対絶命のピンチと思えるような人生でも明るく元気に乗り越えて、今とても幸せを感じることができている、そんな私の『女坂を登る道のり』や『ちょっと幸せに感じている』ことを知ってもらうことが、誰かの勇気となり、お役に立てるかもしれない。

そんなことが胸に落ち、書かせていただきました。

家族の話を少しさせてください。私の家族はとても優しくて、愛情に溢れ、騙すより騙される方がいいと考えるようなお人好しです。そしてそんな両親の姿を見て育った兄たちも、超がつくほど生真面目で情の厚い人たちです。

本書の中で、まるで私が一人で手柄を立てたように感じさせてしまう表現があるかもしれませんが、そうではありません。家族がいたから頑張れたのです。兄たちがいたから、一緒に立ち向うことができたのです。母が支えてくれたから、もう一踏ん張りも、二踏ん張りも頑張れました。娘がいたからこそ覚悟と勇気を得ることができました。

「明日は明日の風が吹く」と、兄によく言ったものです。兄は、「そうやな。お前がそう言うんやったら、明日、きっとまた、良いことがあるな」と言ってくれ、お互い励まし合ったものです。

兄は私に「女は強い。めげない、しぶとい、打たれ強い、そんな強さがある。だから、お前に支えられて頑張れているんだ」と、そんな風によく言ってくれました。

私もそう思います。女には、どん底から這い上がる底力があると。そして、根拠のない自信を持てる厚かましさがあり、未来を信じる力があるのです。

絶体絶命のピンチと誰もがそう思っていたかもしれませんが、それでも「絶対に大丈夫だ！　決してあきらめない！」という強い気持ちがあったからこそ、乗り越えることができたのです。

そのことをお伝えしたいのです。そして「やりたいことは、決してあきらめない！」という想いを大切にしてほしいと願っています。自分を信じるということです。自分を信じる力をつけて強く思えば必ず願いは叶います。

キラキラ輝く貴女へ。

女性には、どんな逆境でもキラキラと輝きながら生きる力があります。そして、未来を見据えてコツコツと辛抱強く励む力があるのです。自分を信じる力が必ず貴女をキラキラと輝かせることでしょう。

そして、この新時代を生きる女性に、キャリアを磨き、男勝りで活躍する人こそ、女性らしさを失わないよう女磨きにも決して手を抜かず、女を謳歌しながら輝いてほしいと思っています。

ますます自信に満ち溢れて素敵な笑顔で活躍していただきたいと願っています。

社会で活躍を求められている貴女にとって、本書が心を豊かにさせ、幸せの極意を知っていただくヒントになればいいと思っています。

これまで多くの人との出逢いの中で、たくさんの人の支えがあって、ご恩の中で生かせていただきました。私を見つけていただき、育てていただき、感謝せずにおれません。

そのご恩に報いるよう、これからも生きていきたいと思います。

はじめに　002

CHAPTER 1
往生際の悪さに光明が差す
011

女は逆境の谷から這い上がる底力がある　14
迷った時は本屋さんで情報を得る　21
土壇場からの奇跡を起こすマインド　30
担当者の心を動かすための非情な決断　35
ひらめきやタイミングを大切に　42
ご恩をチャンスに　48
自分を徹底的に信じる　55
誰かが喜んでくれること。それが私の嬉しいこと　62
COLUMN①　70

CHAPTER 2
怒りの感情は何も生まない
071

毒を吐く～今、吐ける毒は吐いておこう～　74
プラスの感情をパワーの源に　78
一風変わった自分を奮い立たせるもの　85
女は度胸と慈愛　91
女は欲張りくらいがちょうどいい　98
今すぐに一番良い服を着て、出かけましょう　103
自分の誕生日は産んでくれた母へ感謝を捧げる日　108
自分の子供を信じる　116
COLUMN②　120

CHAPTER／3

女を謳歌しながらキャリアを磨く

121

私の結婚観 124
●ワークライフバランスが云々とかではなくて…… 124
●子育ての不安も産むが易し 125
●結婚観も大きく変化する時代 126
●シングルマザーの私が結婚してなきゃ困ること 133
●事実婚 135
●日本の結婚観も大きく変わる時代が来るでしょう 136

女性がキャリアを磨く理由は誰のためでしょう？ 138
●実は男も女も腑に落ちていない女性の社会進出 138
●職場の悩みの種？ 139
●勤めている会社へ感謝する 140
●自己実現のために辞めます 143
●融通の利くパートの仕事を続けたい 143
●働く女性のロールモデル 145
●自分の未来予想図を描く 146

キラキラ輝きながらキャリアを磨く 148
●女性が社会の中で活躍する時代 148
●パラレルキャリア 149
●多くのメンターやスポンサーとの出逢い 150
●人の成長ってどんな時に加速するのでしょうか？ 151
●輝きの連鎖 153

将来独立を目指す貴女へ 154
●今の時代はチャンス 154
●働き方の多様化 155
●女性は小難しい経営計画書がなくても起業できる 156
●お金にシビアな女たち 157
●経営者を目指す貴女が、やらない方が良いこと 158
●警戒地区の群れに警鐘が鳴り響く 160
●『与え愛』の群れを作る 162
COLUMN③ 164

CHAPTER 4
女坂を駆け上がれ！ 165

女性リーダーが輝く時代 168
●停滞する組織に風穴を開ける女性たち 168
●女性は新風となるのか？ 170
●結局は、男は母性を求めている 171
●ひとたらし 173
●振り子論理で器を大きく育てる 180
良い子ちゃんはやめて、上司を育てる女になれ 183
●元始、女性は太陽であった 183
●女性特有の価値を活かす最大の場面 184
●良い子ちゃんでも、スーパーウーマンでもない路線の確立 186
●デキない上司の取扱説明書 187

飲み会幹事がうまいといいことだらけ 195
●幹事は喜んで引き受けること！ 195
●お店選びが鍵を握る！ 197
●出席者を増やすためには 199
●自分を売る最大のチャンス 200
●全ては準備に尽きるのです 202
●後日の対応が信頼度を上げる決め手となります！ 203
●貴女が輝く場所は職場だけではない 204
●良きリーダーは人のお世話をする 205

それは貴女の課題でしょうか？ 206
●男性の支払う金額で女の価値が決まるのか？ 206
●他人の物差しを使って自分を測る必要なし 207
●人間関係につまずいたという時は自分の課題を明確に 208
●トラブルに他者を巻き込むなかれ 210
●貴女は、もう振りまわされない 213

もっと輝きたいと思っている貴女へ 215
●伝える力 215
●思考にするためには書きだすこと 215
●主体性に目覚める 216
●伝える力は貴女が輝く切り札となる 217
●男性の心も震わせる伝える力 218
●学び続ける 219

COLUMN④ 220

CHAPTER / 5

自分を愛するということ

221

男社会にいた私が、なんで美容家になったのかって？　224
●『美しい』が武器になる　224
●自分を愛せる人こそ、人を愛で包む包容力が生まれてくるのです　224
●何気ない選択が人生を変える　226
●男勝りに活躍する女性ほど振り子論理のように　227

誰よりも貴女が一番に貴女を愛すること　229
●素敵な経験を重ねた女性の輝き　229
●変化は突然現れる　229
●普通の『事』の繋がりが幸せを感じさせてくれる　231
●誰かに愛してもらおうと依存してしまうのは違う！　232
●心の豊かさが愛情の深さ　233
●デキる女性は管理ができている　234

女性が苦手　237
●女性は苦手！　そう思ったことありますか？　237
●歳を重ねるたびに美しくなる女性の秘密！　238
●同性だからこそ、厳しい目線　239
●幸せすぎる近未来図　240

女は幸せになりたい生き物です　244
●世の女性たちは朝からすることがいっぱいです　244
●服で女の人生が変わる　245
●幸せの想像の翼を広げる　247
●幸せの極意とは　249

おわりに　250

CHAPTER / 1

往生際の悪さに光明が差す

HOW TO BE SUCCESSFUL
IN A FEMININE WAY

父が亡くなる日まで、末っ子の一人娘としてワガママ放題に過ごしていました。父の友人たちからも、「美和は、末っ子の一人娘のワガママ気質が抜けず、大人になりきれないままで子供を産んで親になったって感じだね」と、よく言われていました。

確かに今思えば、無鉄砲でワガママで、何でも自分の思い通りになると思っていたのですから、子供すぎて恥ずかしい限りです。

18歳で子供を身ごもった時も、不安も恐れも全くなく、お気楽なものでした。バツイチ子持ちに対しては偏見を持つ人が多い時代でしたから、母には肩身の狭い思いをさせてしまいました。それでも私は、そんな両親の上にあぐらをかくように、本当に気楽に考えていたのです。

周囲は私を危なげに見ていたかもしれませんが、私自身は楽天的でたいした苦労をすることもなく、両親のおかげで幸せだったのです。

もちろん、私にも人並みに、一人で子供を育てていかなければならないという、責任感や義務感を重く感じることもありましたし、心が折れそうなこともありました。

周囲の偏見が気になり、同級生たちがキラキラと輝いて成長していく姿を見て、自分は……将来どうなるのか？　と不安になったこともありました。

しかしその後、そんな恐れや不安とは比べものにならないほどの、辛さや苦しみが身の上に降りかかり、とても過酷な日々を過ごすことになるのです。

忘れもしません。27歳の誕生日を迎えて、両親や家族の愛情に囲まれて本当に幸せな日々を過ごす中、突然、思いもよらぬ出来事が起こりました……。

女は逆境の谷から這い上がる底力がある

もうあの会社は危ない！　倒産も時間の問題だ！　下手に近づくな！

誰もがそんな風に思っていた会社が、絶体絶命と思われるピンチから逆転した底力は何だったのでしょうか？　一歩間違えれば、黙殺されて、忘れさられる存在だったのに。奇跡的なラッキーが何度も続いて、危機一髪のところで、乗り越えることができた私たち家族の逆転のきっかけは何だったのでしょうか？

ここで全てをお話しします。

もしかしたら私が女だったから、この奇跡的な逆転劇を乗り越えてこられたのかもしれないと、そう思う理由が二つあります。

まずは男女脳のお話です。

私たち家族は多額の借金の返済が毎月のしかかり、長年住み慣れた家は取り壊されてなくなり、持ちだせる家財道具もわずかで、食べるのがやっとという状態で暮らすという、今までに味わったことのない惨めな生活を送ることになりました。その惨めな環境から抜けだす方法が男女で違うのだという経験をお話しします。

男性脳だと『惨めな思いは嫌だ』『お金がないのはみっともない』『人に会いたくない』など、この惨めな生活を過去の自分の栄光と比べて、追い詰められた心境になり、堂々とできなくなる節があると思います。

男性には女性の厚顔とも思えるような振る舞いができないのです。スマートにカッコイイ人生を進みたいと思っているのが男性脳です。険しい山を登る勇気があり、好転している時の勢いや行動力や積極性は男性の方が抜群にいいのですが、ピンチの時に感じるストレスに対する耐性は女性よりも低いのです。

反対に女性脳はそんな時、『惨めな思いから抜けだす』『お金を必死で稼ぐ』『どんどんと表に出てチャンスを探しに行く』のです。女性は、惨めだからといって暗い気持ちになっても、吹っ切る力が半端なくあるのです。どん底の苦しさをある程度味わうと、もうそこからは吹っ切って這い上がる力が沸き上がり、絶望したり、逃げだしたいと思わなくなり、現実を生きていける柔軟性があるのです。

私が今までに出逢った女性経営者の皆さんも同じようなことを言います。皆さんも若い頃にとてもご苦労をされていて、どん底マインドで踏ん張って、ピンチをチャンスに変えてきたという、逞しさを持つ女性経営者が多いのです。辛酸を舐めても、吹っ切る力が男の人より強い。順応力があるというか、割り切りが早いのです。まずはこれが一つ目の理由です。

二つ目の理由とは何でしょうか。もし借金の返済に苦しんでいるのが貴女だったらどうしますか？　もうこれ以上は無理だと思い込んで無駄なあがきはやめますか？　それとも往生際が悪いと言われても、なりふり構わず、藁にもすがる思いで生きていきますか？

本気で前に進むことだけを信じて、そこに落ちているチャンスを這いつくばってでも拾うくらいの気持ちがあるかどうか？　これがもう一つの理由です。

人生は、山あり谷ありと言いますが、『男は険しい山を登るのが得意だとすると、女はどん底から這い上がる底力がある』と、男と女で強みが違うのだと思うのです。

世の中に勢いのある時代には、男性が力を発揮し、混沌とした時代にはジャンヌ・ダルクのような女性が現れるのでしょう。

さて、話を戻します。「どうやってそんなに莫大な借金を返済したの？」という質問をよくされるのですが、何の戦略もなければ知識もない、27歳の小娘にそんなすごい商才があるはずがないのです。だから皆さん不思議に思われるのでしょうけど、あえて一つだけ言うなら、『交渉のおかげ』でしょうか。

私たち家族が数々の交渉を、一つ一つ積み上げて、奇跡的に最高の結果に運ぶことができたのはなぜだと思いますか？

交渉テクニックがうまかったからだと思いますか？　それとも私の美貌？　そんなわけないです、怒られます。相手はプロ中のプロです。当時は債権回収特別室といって、本物の取立てのプロを金融機関も雇っていたし、平成大不況の時代ですから。

ここで、本当のことを明らかにします。

はっきり申し上げて、私の交渉テクニックは全くゼロでした。

もちろんある程度の権利関係や、全体の借入金額の把握や、数字に対して明確に理解して説明できるスキルや、不動産の売却に関する知識を持っている方が交渉には有利です。

しかし、そのスキルや知識が本当に交渉を成功させたのでしょうか？

そもそも、他の人が私たち家族と同じ状況になっても、同じ方法でうまくいくとは限らないでしょう。なぜなら、これは個別な人と人との交渉の世界で成り立ったお話で、全てが機械的に事務的処理されていたら、全く違う結果になっていたと思うからです。

しかし、私が言う『交渉』というのはテクニックではありません。私たちに奇跡的なラッキーが続いて、交渉に成功した理由はこれしかなかったと思います。

それは『全ての勝因は、相手が交渉に乗ってくれたこと』です。この意味がおわかりになりますでしょうか？

父が亡くなった2000年は、あまりにも世の中が異常な大不況で、債務超過している会社が多すぎて、金融監督庁に目をつけられたら金融機関が飲み込まれてしまう、そんな時代だったのです。だから本来ですと、うちのように実質破綻していた会社には交渉の余地などほとんど残されておらず、あっという間に倒産に追い込まれていくはずなのですが、私たち家族の、必死に這いつくばって、なりふり構わず藁にもすがる思いでしがみつく姿勢を見て、相手の心が動いたのです。

何がなんでも会社を存続させたいという想いと、必死で社会の中で生き残っていきたいという、食らいつくような執念深さを見て、交渉相手が交渉に乗りだし、さらには力を貸してくれる担当者も出てくるくらい、相手の心を動かしたのです。言うなれば、私たち家族の粘り勝ちです。

だから、誰もが同じ方法でうまくいくというわけではないのです。

相手の担当者の立場に立って考えてみれば、事務的に処理したいし、問題が大きく複雑になっているものほど、さっさとマニュアル通りに終わらせたいと思われても仕方がない時代のことです。それが普通の人の心理です。

時代が時代だけに、うちのような案件を山ほど抱えていたのですから。

男性だったら、そんな時代の中で交渉を有利に展開させようとすれば、相手が納得するような、相手の利益と思われるようなものを先に差しだして交渉を始めるでしょう。

しかし、私たちにはそんな知識も人を動かす方法も、差しだせるものも何もなかったのです。そんな私たちが交渉を有利に運べたことは、はっきり申し上げてテクニックではありません。

では、テクニックがあれば交渉がうまくいったのか?

いいえ、何度も言いますがそんな時代ではなかったのです。

この交渉を成功させた重要なポイントは、一つ一つの案件に対して最後の最後まであきらめずに、必死になって前に進みたいと願う女性特有の往生際の悪さ。それに加えて、家族の愛が一丸となって奇跡を作り上げたのです。

さて、ここまでお伝えしたことが、交渉のテクニック論やスキル話ではないのでがっかりさせてしまったかもしれません。

しかし私の経験から皆さんにお伝えしたいことは、どんな状況の中でも、たとえどん底の気持ちを味わっても、往生際が悪いと言われても、前に進む自分の力を信じて『あきらめずに』コツコツ歩む勇気を持つことが大事だということ。

そのことをお伝えできれば幸いです。

迷った時は本屋さんで情報を得る

私の父は、半導体の製造部品の会社を営んでいました。とてもバイタリティがあって、バランス感覚にも優れており、また時には押しが強く、大胆です。さらに気配りや細かな配慮もできる人で、周囲にはいつもたくさんの人が集まってくるような、人望の厚い父でした。当時は、その才能を多方面に発揮していたのだと思います。

その一つとして、1985年頃から不動産投資をどんどん進めるようになり、その当時では斬新なレジデンス系のビルを開発して、価値が上がれば売るというようなデベロップ的なことをやって、ずいぶんと利益を出していたようです。

そんな時代を経て、本業の半導体の製造部品加工業も順調に軌道に乗せ、飛ぶ鳥を落とす勢いで事業を広げていったのです。

石川県に工場を拡大したのが1991年からです。広大な土地に工場を5つ建設する予定で進めた地方進出でした。同じ頃、ビルも幾つか所有するようになり、グループ企業として不動産会社を持つなど、父の敏腕ぶりは止まることなく発揮されていました。

しかし、そんな時代もバブルの崩壊とともに崩れていくことになります。

その頃、まだ学生だった私に、父がこんなことを言っていたのをなんとなく覚えています。

「景気が悪くなるのは当然で、悪くなっても必ずまた良くなるのが景気だ。うちには、この程度の不景気は乗り越えられるだけの資産と現金がまだまだたっぷりある」

このように強気な姿勢で、景気はすぐに良くなるものだと信じて、投資を続けていました。金融機関から一時的に融資をストップするという話が持ち込まれましたが、父は、現金もある、手形を切ることもできる、そして景気も少し我慢すれば回復する、といった強気の姿勢を崩さず、工場の拡大を進めていきました。

それからしばらくして、全ての融資が完全にストップしました。広々とした大きな工場は建ったものの、その工場の中に導入する工作機械を購入する資金が途切れてしまったのです。そのために父は手形を発行して資金を作り続け、他にも、所有しているビルなどを担保提供するなどして繋いでいました。

そんなことをしているうちに、気がつくと取り返しがつかない状態に落ちていってしまったのです。

その数年後のことですが、「これほど景気が回復しないとは、夢にも思わなかった」と父が亡くなる直前に言っていた言葉が今も耳に残っています。

グループ企業の不動産会社にも余波は現れていきました。本業の赤字をこの不動産会社で融資を受けて補填するようになり、やがてドンブリ経営が深刻化していきます。そしてとうとうこの不動産会社への融資も完全にストップされたのです。もうこうなると、この不動産会社は普通の会社経営を行うことができなくなり、従業員も辞めていき、ほぼ休眠状態と化していきました。


そんな状況の中で父がある日突然、急死したのです。

あれほど才覚や度量やバランス感覚に優れた父でしたが、時代の波に飲み込まれ、会社の経営が危機的困難に陥ったまま、２０００年の6月にこの世を旅立ちました。

父の経営していた製造会社は長男の兄が跡を継ぎ、経営がドンブリ勘定になってしまって休眠状態と化していたグループ企業の不動産会社は、専業主婦の母が名義上代表者となり、実質の経営は私が行うという形で父の次の代をスタートさせました。

本業はすでに毎月ほぼ３５００万円～４０００万円の赤字経営になっていました。負債総額は28億円です。

不動産資産は、本業の石川県の工場、本業の東大阪にある小さな工場、不動産会社の事務所、個人所有の賃貸マンションが3棟、自宅、そして父の実家。この当時は平成大不況真っ只中で、あの共栄生命が倒産した年です。これらの資産全部を同時に売却しても、資産価値は底の底まで落ちていたので、どんなに高く見積もっても約10億円程度にしかなりません。その他は死亡保険金が3億円程度しかありませんでした。

そして社員をたくさん抱えていました。契約社員も合わせると１３０人ほどいましたから、リストラするとなると退職金だけでも大きな金額が必要になります。

こんな状況だったために、各取引先銀行からはすでに実質破綻先に格付けされていたのです。そのために父が亡くなった途端に我先にと取り立て準備や、早々に法的手続きを進める金融機関が出始めて、新経営者となった兄とそれをサポートする私はわけがわからず、どんどんと追い込まれていくのです。

兄はその頃たった一人で何もかも背負っていました。潤沢な売り上げや、資産があって会社の経営を行っていくのではなく、苦しい資金繰りを余儀なくされているのです。わずかな保険金を元手に赤字補填を行ない、運転資金として使うのです。そんな状況下での金融機関の取り立てです。催告通知をうるさく言ってくるところから順番にお金を返していくと、あっという間に資金は底を尽きかけていきました。

これはまだ父が亡くなって3ヶ月くらいしか経っていない時期のことです。このまま会社を続けることは困難だと先行きを悩み、兄はストレスで言葉数がどんどん少なくなっていきました。

そんな兄に弁護士の先生に相談しようと私が持ちかけて、会社更生や民事再生が得意だという弁護士の先生を紹介していただいて、藁にもすがるような思いで兄弟3人揃って弁護士の先生のところへ相談に伺いました。しかし期待は外れて、弁護士の先生は、倒産させた方がいいですよ、とおっしゃられたのです。

もうこれで兄も覚悟した様子でした。他の家族も同様です。しかし私はどうしても納得がいきませんでした。簡単に倒産させることは、まるでいきなり崖から突き落とされるような気分です。何がなんでもどうにかしたい、そんな思いがふつふつ湧き上がってくるのです。そしてそれが、宅建（宅地建物取引士）の試験を受けて起業する、という突拍子もない決意に変わるのでした。

なぜ宅建だったかというと、この頃の私は迷ったら本屋さんに入り、ひたすら立ち読みをしていたのですが、弁護士の先生に倒産を突きつけられた日にも、帰りに本屋に立ち寄ったのです。

いつも目に入ってくる本のタイトルは、『どん底からの～～』や『ツキを味方につける～～』、『破綻の進め方～～』、『倒産寸前～～ナンチャラカンチャラ～～』などなど。そんなキャッチフレーズが目に入ってきて、読み漁るというのがいつものパターンだったのですが、この時に目に飛び込んできたのは本ではなくて週刊誌でした。

『倒産寸前から九死逆転劇』的な見開きページの泥臭そうな特集タイトルが入った週刊誌です。マネーロンダリングや残債飛ばしだとか、不動産の抵当権の上手な外し方と交渉テクニックだとか、ちょっとヤクザな雰囲気の、怪しい匂いがプンプンするといったようなものでした。

それを興味津々で読んでいると、そこには、不動産会社が債務者と債権者の間に入って不動産の任意売却や交渉やお金の分配の取り決めをしている、というようなことが書かれていたのです。その時、直感で、だったら新たに不動産会社を立ち上げればいいんじゃないか、と考えが飛躍したのです。

そこから10月の宅建の試験まで2ヶ月、とにかく何がなんでも免許を取得する、そう決心し、一気に準備に取りかかりました。

睡眠時間は1日約3時間にして、仕事の合間も時間を無駄にしないようにテープを聞き、夜の短期集中講座を受け、家に帰って復習と過去問題集を繰り返し行うという日々を続けました。

毎日、本当に気が遠くなるような時間の流れでしたが、それでも集中力が途切れることなく、順調に試験の準備を進めていました。しかし、試験当日まであと2週間というところでハプニングが起こります。試験準備は残りあと4分の1くらいのところまでやってきて、何やらわからぬ高熱で5日間も倒れてしまったのです。

過労と知恵熱のようだとお医者様に言われましたが、もう時間がありません。しかし、焦る気持ちとは裏腹に体が全く動かず起き上がれない。食事も喉を通らない。人の体ってなんでこんなに脆いのか？　とつくづく思いました。

ようやくなんとか食事が喉を通る程度に回復し、試験当日まであと9日間となりましたが、準備は間に合うのか？　と不安は募るばかり。

『直前対策過去問模擬試験』を受けに行くと、50点満点中22点という結果です。この年の合格ラインは35点と予測されており、あと13点足りないのです。マイナス13点というのは、思った以上の数字です。

この2ヶ月間、兄にも母にも、「無理せんとき」「会社も休んでいいよ」「少しはご飯食べなあかん」と、散々心配をかけていました。しかし、そんな忠告も全く耳に入らず突っ走って、そして倒れるという自分のマヌケぶりに落ち込みました。そして思った以上に試験対策が進んでいないことに気づき、焦って不安にかられて、この時、私の心は、間に合うのか？　本当にできるのか？　ここにきて本当にもう無理なんじゃないか？　そもそも不動産会社を立ち上げたからといって何か状況が変わるのか？　本当にうまくいくのか？と、急にいろいろ頭によぎり、もう無理だとあきらめかけたのです。

そんな時に、頭の中で声が響いてきたのです。

「ダメダメダメダメダメ〜〜〜、あきらめたらダメ〜〜〜！」「絶対いける、うまくいく〜

〜!!」「絶対大丈夫！　まだ時間は残されている！」と、もう一人の自分が叫んでいるように聞こえてくるのです。

だから、もう一度心を鎮めて、最後の仕上げに挑みました。

おかげで、やっとの思いでなんとかギリギリ受かることができました。泣けました。家族もみんな本当に喜んでくれました。そして起業するのです。

ちなみに私は学生時代、勉強の出来は人並み程度だったと思います。でも、絶対に受かると信じて本当に必死で努力してきたので、とても嬉しかったのです。女には、なぜか確信のないものでも信じる力があるのです。

そして、このことがこの先の運命を乗り越える大きな転機になりました。

土壇場からの奇跡を起こすマインド

倒産させないためには、お金の使い方を考えなければなりませんでした。

当時、本業の経営の月次収支は変動費と固定費を合わせて、毎月約7000万円のランニングコストがかかっていました。そして、売り上げは3000万から4000万円弱。こうしてほぼ毎月4000万円近くが累積赤字になっているのです。

この状況は父が生きていた頃からすでに数年間にわたって続いていました。今思えば、よくここまで持ったというのが正直な私の感想です。

そういえば父は生前、少しずつ資産を売り払っていました。別荘やクルーザー、アメリカにあったコンドミニアム、レジデンスマンション、社員寮など。どんどん売り払って資金を繋いでいたんだと思います。そして後で知ることになるのですが、父が亡くなる直前には、身の回りの時計や宝石や金など、お金になりそうなものは全部売り払っていたのです。父はすでに経営が実質破綻していたことに気づいていたと思いますが、亡くなるその時まで会社を守ろうと必死で資金繰りを繋いで戦っていたのだと思います。

このように懸命に戦っていた父に対して不名誉となるようなことを、私はどうしてもしたくなかったのです。何がなんでも、父の志を守り抜きたいと、強く思ったのです。私たち家族が、これから起こる様々な苦難を奇跡に変えて乗り越えてこられたのは、父への想いが同じだったからだと思います。私たちのエネルギーの源は、その気持ちに尽きます。私たち家族は、父をとても尊敬していたのです。

さて、私のお金の使い方は、これまでの資金繰りとは極端に変わります。すでに取引先金融機関には実質破綻と格付けされていて、毎月マイナス3000万円から4000万円の赤字を補填する資金は底を尽きていました。もうそれまでの経営方法ではあっという間に倒産してしまうでしょう。

では父の不名誉にならないお金の使い方は何だろう？　会社が倒産すると誰に迷惑がかかるのだろう？　そもそも倒産するってどういうことを意味するのだろう？

そんなことを考えるようになりました。

こんな風に迷ったり、悩んだり行き詰まったら、いつものように本屋さんへ行くのですが、そこでやっぱり答えに出逢います。

ふと手にした本に、『会社は簡単に倒産しない』と、ありました。

そこには『実質的な破綻』と『倒産』の違いが書かれていたのです。『実質的な破綻』は、債務超過、再建の見通しがつかない状態のことで、『倒産』は、金融機関からの取引停止、口座の凍結を意味すると。『倒産』とは、手形や小切手の不渡りが出た時に起こります。通常は2回の不渡りで、完全に凍結されるといいますが、ほぼ1回で通常の取引を行うことができなくなり、2回目の不渡りは、ほぼ免れることがないのだとか。そして裁判所に破産手続きを開始した時からが、『倒産』と定義されるのだと知りました。

私が大事にしてきた『父の志を守る』ということは、まず第一に、会社の社員の皆さんや外注先さん、取引先さんへ、絶対に迷惑をかけないようにすることです。

そしてその次に『倒産させない』こと。この二つです。

本を読んで『倒産』の定義を知ることによって、倒産させないための独特の資金繰りが始まります。お金の使い道は、まず社員の皆さん、外注先さん、取引先さんを優先的に支払っていきます。そして、不渡りを絶対に出さないようにするために、手形には細心の注意を払うこと、この二つを最優先に進めていくのです。

こうなったら金融機関の支払いは後回しです。そうすると、どんどんと督促の嵐になるのですが、私もだんだんと小慣れてくるようになりました。督促は6ヶ月続いた後に、法的手続きに移行される流れがあり、いわゆる債権回収会社（サービサー）に代位弁済されていくのだということを知っていくのです。初めて聞いた時は、サービサーって何？ それに移行されたらどうなるの？ とわからないことだらけでしたが、これもだんだん理解していきます。

債権回収会社に債権が移行されると、担保提供している不動産の競売もしくは任意売却の手続きが開始されます。競売が開始されるまでには、債権が移行され競売申請の手続きを経て、約6ヶ月間の猶予があります。

競売が開始される、この猶予期間までに任意売却の交渉を進めることができれば、かなり有利な展開に進めることができるのです。

このような流れが全て把握できるようになり、私の中で各金融機関との交渉の順番が見えてきました。

こうやって、1ヶ月2ヶ月3ヶ月……と首の皮1枚で資金を繋げながら会社を一歩一歩進めていく、一つ一つの金融機関との交渉を進めていくのです。まさに、時間との勝負と綱渡りで毎日が痺れます。

034

私の口癖はいつも、「大丈夫、大丈夫！」「うまくいってる、順調そのもの！」。

そう言って、兄にも母にも心配かけず、家族が前を向いて安心してほしいという気持ちと、自分にも言い聞かせるつもりで、絶対に大丈夫と思うようにしていたのです。

あきらめたら、その瞬間に終わる……。

そのことが脳裏にこびりついていました。

担当者の心を動かすための非情な決断

これほど惨めで、情けない思いはいまだにありません。この時のことを思いだすと息苦しくなります。思いだすと、やっぱり泣けてくる……。

住み慣れた、家族との思い出の家が解体されていったのです。

2000年6月。

父がこの世を去り、多額の借金に追い込まれていき、私たち家族は失意のどん底にいました。しかし、家族一丸となり乗り越える覚悟を決めて、そこから巻き返しがスタートしたのです。

私たちは長年住み慣れた家を手放すことを決意しました。不動産会社を起業した私の最初の仕事が、この長年住み慣れた自分の家を壊して新築戸建付分譲地として販売することでした。

父の跡を継いだ本業である兄の製造業は、取引先の金融機関から実質破綻と格付けされており、すでに不良債権処理の開始が始まっていたのでした。このまま金融機関主導でいけば、追い剝ぎにでもあったように一方的に不良債権整理が行われてしまうのです。

その状況を少しでも有利に交渉を進めることが、残された最後の道だと気づいた私が最初に交渉の材料に目をつけたのが、収益を上げない資産です。

それは、私たち家族が暮らしていた自宅と祖母が暮らしていた父の実家です。そして、収益と見合わないレジデンス系のビルや事務所などが対象になりました。それらに対して私は順番をつけていきました。

祖母の住んでいる家は守るべき対象でした。なぜなら、祖母はこの先そう長くないであろう人生をこの家で過ごしたいと願っていました。おそらく父が生きていたら祖母の気持ちを大切にしたと、そう思ったのです。だから私は、何がなんでも祖母が生きている間は祖母と祖母の住む家は守ると決めました。

そうして一番最初に売却を決めたのが、私たちが長年暮らしてきた自宅でした。自宅だけは残してほしい、全てを失っていいから自宅を残したいと、そういう気持ちが普通だと思います。

私の家族の考えもそうでした。しかし、そんな家族の想いと裏腹に、私が自宅に目をつけたのには理由があります。

実質破綻先だった会社の不良債権整理の担当者の立場からすれば、さっさと処理をしたい、マニュアル通りに整理したい、そう思っていたはずです。

そんな担当者の心を動かすには、まずは自宅を売却して、本気で家族が一丸となって会社の再建に乗りだしているということを知ってもらうことが重要だったのです。そうすることによって、〝そこまで覚悟を決めて会社の立て直しを行うのなら、様子を見よう〟、そう思ってもらうことが目的だったからです。

だから、そうするしかなかったのです。

私だって、生まれ育ち、思い出がいっぱいの自宅を売りたくはありませんでした。正直、今でも、柱の傷一つや、季節に咲き乱れる花や、紅葉する枯山水の庭を娘が走っている姿が目に浮かびます。

秋には金木犀の香りが心地よく漂い、広間にはいつも賑やかにたくさんのお客様がいらして幸せだった思い出の場所を捨てたくはない。苦しい。そう思いました。

でも、私が割り切らなければ誰が割り切れるのか⁉　そう自分に言い聞かせました。だから自宅を売却すると、私が言いだして家族に決断を求めました。

普通は、自宅の思い出を断ち切れず、最後の最後まで自宅だけは残したいと、その気持ちが先行するのです。それが人の心です。しかし、そんな気持ちをまるで無視するかのように、家族の気持ちを押しのけ納得させようとする私は、家族から見たら冷たい人間に映ったと思います。

そのことから家族との溝が生まれ始めるのですが……、その話はまた別にするとして、話を戻します。

そんな決意をしたタイミングに、突如現れたキーパーソンのIさんと出逢うことで、この一連の奇跡的な逆転を遂げる運命がスタートしていくことになります。

Iさんは当時、上場を控えた勢いのあるデベロッパー会社の役員をされておられました。このIさんと、一気に自宅の整理にかかるのです。その計画はこうです。

・自宅を建売区画にして私の会社で販売したい
・債権者や抵当権者との分配協議で、この後の一つ一つの交渉が優位に運べるようにしたい
・債権者に知られないように、5000万円程度の資金を手に残したい

このような計画を考えていました。

そして、この計画はIさんのおかげで見事にハマっていくのです。気がつくと、あっという間に解体前夜となりました。

解体が始まる1ヶ月前から家財道具を運びだす準備を始めたのですが、大きな家から小さな3LDKのマンション（かなり背伸びして大きめの部屋を借りたつもりだったのですが）へ引っ越すのですから荷物が入るはずがないのです。もともとのうちの家は、6LDKの離れと、10LDKの母屋を使っていたので、とにかく、荷物が多すぎて持って行きようがないのです。

そんな日々に、近所の馴染みの皆さんが家の中のものを、一つずつ思い出の品にしたいと言って持ち帰ってくれるようになりました。そしてこう言ってくれるのです。

「いつでも見に来てや。必要になったら、いつでも取りに来てや」と。

大きいものは、屏風や欄間、大黒柱、木製のガラス戸、木製の雨樋、廊下の敷居、天井の板、庭にある灯篭、サルスベリの木、山茶花、松の木や椿、つつじ、そして、なんと生駒石も持っていってくれました。

お皿や掛け軸、壺や照明器具や銅で作られた楠正行の銅像やだるまさん。本当にいろんなものを皆さんが持ち帰ってくれました。

私の部屋にも、私より大きかったライオンさんやブタさん、ヒツジさん、たぶん100体くらいは、ぬいぐるみがありましたが、それらも全て持ち帰っていただきました。

余談ですが、ぬいぐるみが増えた理由は、私が少し反抗期だった頃に、父が私のご機嫌をとるために、ぬいぐるみをプレゼントすることが習慣になって増えたのです。

近所の皆さんのおかげで、それらを全て持って帰ってくれたので、とうとう家の中はスッカスカで、スースーと風通しも良くなりました。

10月の風も冷たく感じた夜に電気も通らなくなったそんな家で、解体前夜に最後の一晩を家族で集まってなんとなく、名残を惜しんでいました。

すると、隣の酒屋のおじさんがビールを差し入れに来てくれました。

そして、私たちの中に加わって一緒に名残を惜しんでくれていると、斜め向かいの寿司屋のおじさんもすし桶を持ってやって来て、そして、反対隣のおばさんが毛布を持ってきてくれて、さらには向かいのお姉さんが懐中電灯を持ってきてくれて、なんだか知らないけどそこで、最後の夜を皆さんとどんちゃん騒ぎで過ごしたのです。

皆さんが懐かしい話をしてくれました。そして、寂しくなるなと名残を惜しんでくれました。私たちの惨めな思いも、そんな周囲の優しい人たちのおかげで少し晴れた気分になったのです。

2001年11月。

私はあることを決めました。

「絶対に、再び成功して、この街に帰ってくるんだ!」

そう心に誓ったのです。

そして、2011年6月2日。

私たち家族はようやく、この街に戻ってこれました。

ひらめきやタイミングを大切に

ピンとくる、といったような、ひらめきを大切に生きています。

精一杯の努力を惜しまず、善行を尽くして生きていると、神様やご先祖様が必ず見ていてくださり、そして、きちんと導いてくださる。そう思って生きてきたのです。だから私は、ご縁や人をとても大切にしています。

自分が裏切られても、人を裏切ったりしたくない。自分が損をしても、損をさせたくない。文句を言われても、文句は言いたくない。人を信じていたい。

そうして善行を尽くすように教えられ育てられてきたので、そういったことが普通のことなのです。

また、ピンときた直感やひらめきは、日頃の行いを神様やご先祖様が見ていて、私にヒントをくださっているのだと教えられてきましたので、ひらめきやタイミングを大切にすることも当たり前なのです。

その感覚だけでやってきたと言っても過言ではないくらいです。

例えば、困った時に本屋さんに行けば、今自分が読まなければならない必要な本に出逢わせてもらえるはずだと信じているのです。目に止まったタイトルはきっと神様やご先祖様がその本を読みなさいと言っているのだと思うのです。

私のやっていることに結果が出ない時には、神様やご先祖様がまだまだ修練が足らないんだよと言って、私にもっと頑張るように差し向けてくださっているのだと思っているのです。

損得勘定や、小さな物差しを使って得をすることばかり考えていると、神様やご先祖様が怒って、もう何のひらめきもヒントも与えてくださらない。と、こんなことを普段から本気でそう思って生きているのです。

この気持ちを忘れてしまったらきっと私は私でなくなってしまいます。

前にも話しましたが、私が不動産業を起業したのも思いつきのようなことからでした。本屋さんで、困り果てていた私の目に週刊誌の見開きページの『倒産寸前から九死逆転劇』といったキャッチが飛び込み、不動産会社を立ち上げることがそのカギになると直感で思ったのです。

そしてその直感を後押しするように同じタイミングで、その後しばらく頭に残ることになるある方の言葉をいただくことになったのでした。

それはいつも通り手形の割引手続きを行いに、取引銀行の支店窓口へ行った折の出来事です。

若い頃に父がお世話になったという父の先輩に偶然出くわし、その方が私たちのことを心配しながら、その支店の待合の席で私にこんなことを言ったのです。

「ピンピンの会社を創らなあかん！」

と。その方はその場で詳しく話されたわけではなかったのですが、この言葉はなぜか私の頭に響き、私はしばらくこの言葉が耳から離れなくなりました。

そして、しばらくすると、私はこの言葉にこんな意味を感じ取りました。


（お前のとこの会社はもう終わりなんだ。いつ倒産してもおかしくない。

倒産する前に新しい会社を創って、その会社で再起をするんだ。実質破綻している会社にしがみつく必要はない。

お前の会社は技術力と客先がいいのだから法人の名前を少し変更したくらいで取引先がなくなるわけがないんだ。そのことを知っておけ。いいか？　わかったな？　今後、借入

をすることもできない、そんな役に立たない会社はさっさと見切りをつけて『ピンピンの会社』を創れ)

と、そう言ってくれているのだと解釈したのです。

その言葉は、まるで神様かご先祖様が私にヒントを伝えてくれたように頭に残り、私の心の中がとても軽くなったのです。

道は一つしかない。そう思うと苦しいけれど、いろんな手段や抜け道があると知って、やり方次第でいくらでも、どうにでもなるんだな、と勇気をいただきました。

そして、そのことが私の考えを大きく後押ししてくれました。

だからこそ、だったと思います。正面突破の正攻法を貫こうと思ったのは。

実質破綻している今の会社を潰して新しい会社で逃げようとは思わなかったのです。

製造業で新しい「ピンピンの会社を創れ」と言ってくださった父の先輩の言葉は、私の心を軽くしてくれただけではなく、やがて言葉の意味も次のように変わったのです。

（いいか、最悪の準備を行っておくんだぞ。そして、まっすぐに進め！

準備があると、心に余裕ができる。そうすると良いアイデアが、広がるんだ！

勘違いするな！　あきらめるんじゃないぞ！　最後まで頑張れ！）


そう言ってくださっていたのだと、私の中で解釈が変わったのです。

だからこそ、本屋さんでピンときた、不動産がカギになるというひらめきの後押しになり、本当に不動産業を起業するのです。

そんな思いつきのようなところから、起業した業界の知識や仕組みをどうやって手に入れてきたのかは、またお伝えしたいと思います。

私がこの中で伝えたかったのは、目の前にある見えない壁を想像して不安を感じて立ち止まるよりも、ピンときたひらめきを信じて進むのが大事だということ。そうすると意外な展開が待ち受けているのです。

できない理由を考えれば、たくさん浮かび上がるのですが、それは、できる理由に気づいてないからだと思うのです。

できると信じれば、必ず道は拓かれる。

この頃の私にはまだ自分を信じきれるほどの強い力はなかったと思います。ただ、育ててもらった両親の愛情をまっすぐ受け取り、父の志を受け継ぎ、誰かのために役に立ちたいと思うことが信念となっていたのです。

壁が高ければ高いほど、知らないことの数が多くなり、不安が募ります。道のりを遠く感じて、できない理由をたくさん考えてしまうのですが、できると思えばできるんだと。直感を信じてみることも大切なことなのです。

その根拠は人それぞれかもしれませんが、私の場合は、やはり普段からまっすぐに善行を尽くして生きていくという両親の教えです。

実質破綻していた兄の会社は、おかげで正面突破の正攻法で再建を果たし、その後17年間、業績を上げ続けることができています。創業53年の歴史の中で、『家庭用ミシン部品の加工』といった創業時の技術から『自動車部品加工』『航空機部品加工』『半導体製造部品加工』と何度もイノベーションを繰り返しながら実績を作り上げ、逞しい会社に進化していくことができたのです。今ではちょっとした伝説になっています。

ご恩をチャンスに

ある日、いつも通りに手形の割引を行いに取引先金融機関である地域密着型の信金へ出向くと声をかけられました。相手はその信金の支店長です。

支店長「美和さん、美和さん、ちょっと、あんたな、告げ口してもどうにもならへんで」

私「……???　………」

支店長「あんたの会社を心配して、Kさん、〝金利下げたらんか〜、もっとちゃんとしたらんか〜〟って言うて、怒鳴ってはったわ〜。せやけどな、あんたの会社には、手形の割引をしているだけでも、感謝してもらわなあかんくらい、実質破綻してるんやさかいになぁ」

私「……そおですか〜。ほんま、すいません。告げ口など一切してませんし、割引してもらってほんまに感謝してます。ご迷惑かけてすいません」

支店長「いやいや、気持ちわかるんやけどな、まあ、しゃないけど、ほな頑張りや」

（……ほんまに、割引だけでもしてくれてるから、助かってるけど。

もう、他の銀行では、割引すら、うちの裏書ではしてくれへんから、支店長の気に障るようなことせんよう気をつけなあかん……）

と、帰り道にこんな風に思いながら事務所へ戻ったのです。

（……しかし、Kさん、父が亡くなってからいまだにうちの会社のことを心配してくれて、ほんまに、ありがたい人やな。

うちの父は、人脈だけはたくさん残してくれたからな〜、ほんまに、普通やったら、あの会社は危ない、近づくな言うて敬遠しはんのに、Kさんたちみたいに、こうやっていつまでも親身になってくれる人たちがいるって、すごいよなぁ。私も、こんな風に死んでからも、人から気にかけてもらえるように、生きて行けたらええなぁ……）

と、そんな父への思慕とともに、心の中で、Kさんたちに感謝する言葉を述べていました。

それから数日後、あの支店長がまた声をかけてくれました。

支店長「美和さん、美和さん、あのな、あんた、発光土地（実質破綻しているグループ企業の不動産会社）の代表にならへんか？　今、お母さんが代表になってるやろ、それをあんたが継ぐんや。どや？」

私「……支店長、どういうことですか？　発光土地は、すでに本業とともに、名寄せの状態になっていて、実質破綻してますよね？」

支店長「せや、その名寄せを、あんたが綺麗に外すんや」

私「支店長、そんなことできるんですか？」

支店長「あれからあんたのこと、いろいろ考えてたんや、あんたが本気やったら、名寄せを外せる。どや？」

私「具体的にお話聞かせてください」

支店長「あのな、これから言うことはわしの独り言やと思って聞きや、わしから聞いた言うたらあかんで。わしな、半年後に退職するんや。だから、独り言やで。ええな。あんたは本業の製造業から、一切、縁を切るんや、でな、発光土地も、あんた以外の家族を全員排除するんや、ほんで、発光土地の借金はあんたが一人で背負うんやで。だから覚悟がいるんやけどな。それで、まずは名寄せを外すんや」

そしてさらに支店長はこの後、思いもよらない、びっくりするような独り言を述べられたのです。

支店長「あんたに、その覚悟があるんやったら、今度、あんたのとこの競売にかかる予定になっている物件の、収益ビルあるやろ、あの収益ビルを任意売却に持ち込んで、発光土地で入札したらええねん。

あの収益ビルがあれば、発光土地は、返済資源を確保できるようになるやろ、おそらく今、物価下がってるから、4億から5億もあれば、落札できるで。融資はわしがうまく絵描いて、取り付けたる」

……え!!

私「支店長、それは、私でないとダメなんでしょうか？　2番目の兄が私にはいるのですがその兄ではダメでしょうか？」

支店長「あかん、あかん、美和さんがやらなあかん。あんた、しっかりしとるもんな。あのな、Kさん、いつもあんたら家族のこと心配してはってな。ちゃんとしたらんかぁ言うて、しょっちゅう、うるさぁ、言わはるからな、あの人怒らせたら、うちもいろいろあるんやで〜〜」

そんな支店長の思わぬ独り言に、びっくりしました。

当時、私はまだ29歳です。そんな未熟な人間に、しかも会社も潰れかけているのに、そんな会社にさらに上乗せして5億ものお金を追加で貸してやろうなどと、手を貸してくれる銀行がどこにあるものだろうか？

こちらの金融機関は、地元密着型の信金です。また、その支店は、本部が2階にあり、稟議書が回るのが早いことも幸いしていたのだと思います。おそらく、この話をする前に支店長は、すでに部長レベルには内諾を取っていて、私にこの話をしたに違いないのですから。

こんな心意気のある支店長やKさんのような、昭和の豪傑がいらっしゃった時代だったのです。

父の相続人割合で、借金を背負い、さらに発光土地という法人の借金も背負うとなると私の全ての人生を捧げて、このご恩に報いる必要があります。

私は、覚悟を決めて、あの世の父に話しかけました。

〝これから、さらなる苦難の道が始まります。どうかどうか、見守ってください。精一杯頑張ってこの受けたご恩をチャンスとして必ず成功させてみせます〟

そう誓いました。

そして、入札の日。

任意売却に入札したのは、別の銀行から持ち込まれた買い手が1社と弊社。その2社で競うことになりました。結果、弊社が4億3000万、もう1社が4億2000万という札入れで終わりました。

入札が終わると支店長は、「危なかったな～。余裕やと思ってたけど一歩間違ったら、持っていかれるとこやったな～」と笑いながら、「ま、美和さん。これからやで、頑張りや」と言ってくださいました。

そして、所有権登記費用や抵当権の設定費用など全ての諸費用も融資を利用させていただけるところまでご配慮いただきました。

２００４年４月５日　29歳
４億５０００万円の実行金額
貸出金利は、４・３７５％

とうとう、初めての融資とともに大きな大きな買い物をさせていただきました。
この時を境に全てが好転し始めます。
そして私の心の枷と肩の荷が少し軽くなっていくのです。

自分を徹底的に信じる

毎日が苦しくて、夜、布団に入ると涙が止まらない。

そんな日々が続きました。本当に、本当に苦しかった。

あの頃のことを思いだすだけで胸が締め付けられそうです。一歩間違っていたなら、何か一つでも掛け違えていたなら、今頃、私たち家族は何をして生きていたのだろう？　私の学歴や社会歴からしても、パートに出てスーパーでレジを打つか、ファミレスのウエイトレスか、ひょっとして子供を育てるために夜の世界で働いていたかもしれない……。

やはり、思いだすと泣けてくるのです。一瞬であの頃の苦しみが胸に広がり、涙がこぼれてしまいそうになるから、ずっと忘れようと心にしまっていた私の苦い思い出。

親が元気で儲かっている会社の2世たちが羨ましかった。

良い服を着て、良い時計をつけて、外車に乗って、良いもの食べて……。良いとこのボンボンというのが醸し出されていて、本当に羨ましかった。

とにかくお金がなかった頃の話をすると、本当に醜悪な心の部分をお見せすることになるのでお見苦しいのですが、お話しします。

私はずっと変わりたいと願っていました。現実を受け止めていたつもりですが、父の残した借金の大きさは私たち家族に惨めさを教えてくれたのです。

それまでは何不自由なく生活させていただいていました。だからこれほど惨めだと感じたことは27歳の私にはまだ経験がありませんでした。

ですが、お金がないということで、人に偏見の目で見られ、価値を下げられ、格付けされ、いろいろと情けない思いをしていくことになるのです。

〝必ず借金を返して変わりたい〟〝大きくなりたい〟、そう思う日々が続きました。

こうした想いから、私を突き動かす二つの原動力が心に芽生えるのです。

原動力の一つ目は、純粋に父への思慕から来るもので、あの世の父に無念な思いをさせたくないという一心から芽生えたものでした。

もう一つの原動力となったのは、自分の惨さを消し去りたくて〝大きくなりたい〟〝変わりたい〟〝周囲を見返してやりたい〟という強い想いです。

今考えるとちょっと恥ずかしく思います。こうしたマイナス感情がパワーの源になっていた時期もあったのです。

そんな反骨精神から、もっと自分の実力をつけるために、多種多様な業種の経営者が多く集まる団体への入会を決意しました。その団体の中で経験を積んでみようと一歩踏みだしてみたのです。


この頃の私は、周囲の人たちから自分が認められるために、必死になって肩肘を張って強がりながら頑張っていたのですが、そこには私の知らない世界がたくさんあり、懸命に背伸びをしていたと思います。

この数年、本当に大変な経験を乗り越えて生きてきたと多少自負していましたから、お金儲けはまだまだでしたがある程度の自信を持っていました。しかし、そこにいる人たちは私がどん底から這い上がってきた人生なんて全く関係のない幸せそうなお金持ちのお坊ちゃんばかりです。苦労知らずのお金持ち同士の会話からうかがい知れる贅沢三昧なリッチな世界は、聞いているだけでイラっとするのです。

私の心には羨ましいという感情がどんどんと膨らみ、そして同時に妬ましいと思う心が生まれるのです。必死でその妬ましい感情を押し殺しているのですが、なんとなく自分のことを偏見の目で見られているように感じたり、格付けされたりしている気がして、勝手に傷ついて、とても嫌な思いをしていたのでした。

今思うと恥ずかしいのですが、セレブに見えるように振る舞ってみたり、200%以上カッコつけて話してみたり、バカにされないように演じていたのです。もともと私は愛情深い両親にとても大切に育てられたおかげで人を妬んだり、見比べたり、背伸びしたりすることは、これまで一度も考えたことも感じたこともありませんでした。しかしそんな私が、お金がないことで味わった惨めな思いは、悔しさや妬みを生みました。

そして、そのマイナスの感情がパワーの源になっていた私は、どんなに頑張っても、どんなに努力しても、常に心が満たされていく感じがしませんでした。

例えば、車は当時ワゴンRという車に乗っていました。しかし見られるのが恥ずかしくてわざわざ遠くの駐車場へ停めていました。また、洋服を買うお金がなくて同じ服ばかり着ていたことがとても自分の中でコンプレックスになっていました。食べたことのないお店の話題が出ても雑誌でチェックして、まるで知っているようなふりをしたり、本当に無駄な努力をしていました。周囲には私のようにお金で苦労している人がいなかったので、私は自分にお金がないことを気づかれないようにしていたのです。

〝変わりたい〟〝大きくなりたい〟と思っていたのに、どうでもいいことばかりに気が回ってしまって、本当に大切なことを見失いかけていました。

現実は父の残した借金もまだまだ多く残っている状態です。首の皮1枚繋がっているような危うい状況が続いていましたので、そんな債務超過で赤字経営の会社の資金繰りをする日々はたとえようのない苦しさがありました。払えなかったらどうしようか？　と、いつも頭の中にお金の心配があって、苦しくて眠れない日々と、ストレスとの戦いが長い年月を通して続くのです。

会社が潰れれば、あっという間に噂が広まり、また恥ずかしい思いをするんだという不安も心によぎります。そんなことを考え始めると、本質を見失って、プライドが先に立ってしまうのです。プライドがずっと邪魔して、心が醜悪な感情に覆われて暗い闇の中にいるようでした。

そんな私が奇跡的に何度も壁を乗り越えてこられたのは、未来を信じてあきらめないという気持ちと、たくさんの人の助けがあったからです。こんな醜悪な心を持つ私が、この後にたくさんのメンター的存在になっていただく方々とめぐり逢い、人生が変わりだしていくのです。

圧倒的な存在のメンターに出逢った時に、なぜか人は、羨ましいとか妬ましいと感じなくなるのです。ただただ、この人の話をもっと聞きたい、心から素直に学びたいという気持ちが溢れてくるのです。

仕事が欲しいとかそんな小さな気持ちではなく、この大きな包容力や人間力など、経営者としての素晴らしい要素を一つでも見て、学んで、自分のものにできれば、私ももしかしたら変われるかもしれない！　そんな風に感じさせてくれる圧倒的なオーラを持つ存在が広い世の中にたくさんいらっしゃるのです。

私にとっての大きな転機は、そんな方々とのめぐり逢いでした。人として愛情が深く、心豊かな素晴らしい人になりたいと思うようになり、妬ましい、羨ましいという醜悪な私の感情やプライドがどこかへ消えてなくなり、猜疑心の克服を果たしていくのです。そして、こうしたメンターとなる方々の存在が、私のマインドの原理原則となって自分がどんどんとプラス思考に変わっていきました。

本能的に身構えて、猜疑心に覆われていた心を吹き飛ばし、素直な気持ちを取り戻させてくれたメンターとなる方々の存在は、私に大切なことを教えてくださいました。

〝大きくなりたい〟〝変わりたい〟という気持ちは変わらずに持っていますが、根底が変わったのです。惨めな思いをしていたために抱いていた〝見返してやりたい〟という小さな気持ちなんかどうでもよくなり、自分を徹底的に信じて、とにかく1日、1日を大切にして、明るい未来を目指して歩むということを気づかせてくれたのです。もし気づかずに反骨精神だけで頑張っていたら、いつか心が折れていたと思います。そういうことを教わったのです。

今では、私自身も、素敵な仲間や友達がたくさんいて、人を羨ましいと思うことはなくなりました。それは本当の苦しい状況の中を、人のご恩に包まれながら、あきらめずに、歩むことができたからです。

その経験こそが自分の力になり、自信に繋がって、どんなことがあっても私は前に進むのだと思えることができるようになったからです。

人のご恩に感謝せずにはいられません。

誰かが喜んでくれること。それが私の嬉しいこと

どうしてそれだけの大きな負債を返そうと思ったのですか？　破産した方が早いと思わなかったのですか？　何年くらいかかったのですか？　どうやって返したのですか？

そんな質問をとても多くいただきます。

99％勝てない勝負だと弁護士の先生にも言われていました。私たちが倒産せずに生き残れるという確信は何もなく、まるで大博打のようだと誰もが思われたことでしょう。

ただ、私の心の中には、決めたことがありました。

父の志を継ぐことです。父は周りの人を幸せにするような大きな人でした。誰かを不幸にする人ではないのです。だから、計画倒産させることは、父があの世で無念な思いを残すことになると思ったのです。

そして、一人で立ち向かうには、あまりにも過酷で、孤独になりそうだった兄のために一緒に頑張ろうと思いました。

そして、父に先立たれて、生きる気力を失いかけていた母のため。

そして、この先、一寸の曇りもなく育ち、輝く未来を手にしてほしいと願う娘のため。

誰を恨むことも、誰に恨まれることもなく、正々堂々と、まっすぐな姿勢を貫こうと決めたのでした。

それを貫き、1日1日を必死で歩んできただけのことなのです。私は大きな偉業を成し遂げた成功者というわけではありません。

ただただ、輝かしい未来を信じてまっすぐ歩んできただけのことでした。

今の私の喜びは、〝池端美和のような人間でも頑張って立ち向かえば必ず乗り越えることができる〟そう思っていただくことで、誰かの励みになって、その人が前に1歩踏みだして、歩んでくれることです。それに尽きます。

私は、苦しい時や大きな壁に阻まれて立ち止まった時に、いつもこう考えます。

〝神様は私になぜこのような試練を与えたのか？〟〝神様は私に何をさせたいのか〟と。そんな風に考える習慣があります。

18歳で妊娠して、19歳で子供を産み、そして21歳で離婚。

同級生たちが華々しく成長する姿を見て自分の将来を不安に感じていた頃の私の話を少しさせていただきます。

若くして、バツイチ、シングルマザーです。

現在、私の娘は24歳です。想像してみてください。24年前の日本で10代で子供を授かるということは、私の地元ではとてもセンセーショナルなことで、父方の祖母には、お家の恥と言われ、シングルマザーになった時には、敷居をまたぐなとさえ言われるような出来事だったのです。私のせいで母が小さくなっている姿を見て、当時はとても申し訳ない気持ちでした。

そして、就職先がとにかくないのです。その時代にバツイチ子持ちでは、自分が働きたいと思う場所で、正社員として働くことは難しい時代でした。

シングルマザーは偏見の対象となり、正社員で雇い入れるような企業はない時代だったのです。

私自身も、この先、社会でまともに生きていくことができるのか、とても将来を不安に感じて焦っていました。

私は、父に就職先の相談をしました。すると父は面倒そうに、「毎月、生活ができる程度のお金を振り込むから、それで暮らしなさい」と、そう言ったのです。父の親身とは思えないその言葉と態度に、ますます自分が社会からはみでた存在なのだと感じて、取り残されていくような不安が募りました。だから、さらに父に食い下がり、父が経営する会社に就職をさせてほしいと願ってみたのです。

すると、「お前はお荷物だ！　お前の働ける場所は、うちの会社にはない」という無情な言葉が返ってきました。そんな父の言葉に、私は生きる意味を失いかけました。父ですら私を軽率な人間だと思っていたのです。

それでも、しばらくして母の助けを得てなんとか父を説得し、父の会社に就職することになりましたが、やはり父はとても厳しい人で、入社1日目に大阪から石川県へ転勤するように命じられて、子供と二人で身寄りのない地に異動となりました。

働く環境は、周囲の目がとても厳しく、『社長の娘』『バツイチ子持ち』『社長の娘なんだから人の3倍働いてもらわないと困る』、そういう逆風下で、お給料は月13万円程度と、生活するのがやっとの収入でした。

ますます将来のことを不安に感じ、そして孤独に陥り、3歳の娘との慣れない生活もあって、あっという間に身体の調子を崩し、胃潰瘍を患いました。さらに、体調が悪いことと精神的ストレスが続く日々がとても辛くて、鬱状態に陥っていくのです。

〝神様はなぜ私にこのような試練を与えたのか？〟

そう思って泣くことが、多くなった日々でした。

そして、ある日、頼みの綱だった父が突然この世を去ります。

こんな状況で思いもよらない借金地獄という、さらなる悲劇が押し寄せてくるのです。

どん底、惨め、情けない、苦しい、息ができない。あらゆる醜悪な感情が次から次へと波打ち立つ日々の連続です。


こうしてすでにお話しした通り、起業家としての人生がスタートしていくわけです。

父の借金生活から今の美容家になるまでの私の人生の心境の変化についてよく聞かれるのですが、ここで少しお話をさせていただきます。

私はいつも心の中で、もっと大きくなりたい、もっと幸せになりたいと思っていました。

正直、この頃の私にはいったい何が幸せなのか、それすらもわからなくなっていました。

1日1日、過ごせたらそれだけでありがたいことだし、正月を無事に家族で迎えられたら、それだけで涙が出るほど喜びました。もっともっと、母や娘を幸せにしたいと思い、そのためには、お金を稼ぎ不自由なく暮らすことだと思っていました。そして、再婚して、誰の偏見にもさらされないことが幸せなのだと思っていました。

さらに会社の経営や事業に関して言うと、根本的な問題がありました。借金を返済するために不動産業の起業を決心したのですが、大きなお金を動かすこの世界は〝自分には不向きだ〟と実は思っており、商才もないし、大きなお金が動くたびに、ストレスがかかるし、ずっと苦手だな、などと思いながらやっていたのです。

男脳と女脳の違いかもしれませんが、藁にもすがる気持ちで必死に走り回っていた時には男性よりも大胆だったのに、状況が改善され始めた頃から、自分には不向きな仕事だなと改めて実感するのです。はやり『女は山を登るのが苦手』、いわゆるビビリなのです。

自分はどちらかというと細かい気遣いが問われるような不動産の物件管理業務の方が得意で、ある時期からメイン事業を管理業務が中心になるように変更していきました。

そんな折に、私の、ここぞというタイミングで、いつもメンターとして意見をしてくださるIさんのご紹介があり、美容業を始めることになります。関西で大阪ガスのグループ企業が展開しているフィットネスクラブ併設のエステティックサロンを5店舗展開するという事業でした。

私は以前から『美しさ』とは、見た目の美しさだけではなく、自分の自信に繋がる女性の武器になるものだと、そう思っていましたので、この新規事業には、とても意欲が湧きあがりました。このお話は後の章の、『男社会にいた私が、なんで美容家になったのかって？』で詳しく触れさせていただいています。

女性が社会で輝く姿が頭の中に浮かび、その応援ができる仕事だと思い、先のことは全く考えずにスタートしたのです。

新たに始めたこの事業は、当時、幸せが何なのか、よくわからなくなっていた私に、『幸せの極み』とは何なのかを教えてくれることとなりました。

男性社会の中にいた私が、女性のスタッフとともに新しい事業に日々奮闘し、お客様が喜ぶ姿を見て皆で幸せを感じて励むことができるということは、今までにないやりがいを感じることでした。

エステティックのみならず、アロマスクール事業の展開や、香りを創るブレンドデザインの事業も、とても好きな仕事ができて嬉しいと思いました。特に、美容家として、オリジナルコスメを作る挑戦は、何より楽しくて、スタッフ一同の肝入り事業になりました。

大きな会社ではないですが、毎日、一緒に働いてくれている仲間がいて、笑ったり、悩んだり、いろんなことを挑戦したり、そんな日々が、たまらなく幸せだと思うのです。

「誰かが喜んでくれること。それが、私の嬉しいことです。私の幸せに感じることです」と、いつも私は言います。その想いを一緒に働く仲間が共有してくれているのです。お客様が喜んでいただけることに努力を惜しまない仲間を誇りに思っています。

〝10代の頃から、母に忍びない思いをさせてしまった、はみだし者の私〟でも、〝度重なる醜悪な感情に脅かされた私〟でも、家族とともに立ち向かった逆境から得た経験は、『本当の幸せの極み』とは何なのか、ということに気づかせてくれたのです。

人が喜んでくださること、近くにいる人のお役に立てること、そして世のために尽くさずにはおれないということが、私自身の生きがいになっていたことに気づき、再び私は、幸せだと感じることができるようになっていくのでした。

COLUMN / 1

ばかやろ〜〜ふざけんな！　って
怒鳴りたくなることがあっても怒りの感情は、何も生まない
生むのは、憎しみと苦しみだけ

だから、ゴックンと飲み込む

感情を抑えられるようにならないと何も始まらない
そんなことわかっている

全部、自分が至らないから『事』が起きたのだ
プロテクトする能力が低いからだ

傷つけられること
軽く見られること
無断で人の心を横断されること
全部、自分が無能だからだと知っている
自己卑下しているわけではない
自己完結しようとしてるだけ

さあ、明日も笑って元気に仕事がしたい
だから、ここでグズグズ言うのはおしまいにしよう

感情に惑わされず、進むべき道を進むべし
そう、強い自分でいたい

CHAPTER 2

怒りの感情は何も生まない

HOW TO BE SUCCESSFUL IN A FEMININE WAY

今の私を知っている人は、まさか池端美和にもそんな過去があったなんて、と思われるかもしれません。そんな苦い経験を、反省と、乗り越えるきっかけになったマインドも交えながら赤裸々にお話ししたいと思います。

突然ですが、人生で一番ピンチだ！　と思ったことや、惨めな思いをしたことはありますか？　不安で眠れない、生きていくことが恐ろしい、もう頑張りたくない、悔しい、恥ずかしい、情けない、苦しい、許せない、こんなところに2度と来るものか、誰にも会いたくない。

そんな、心の中で叫ぶような大ピンチや惨めな思いをした時の、怒りや負の感情のやり場のなさを私はよく知っています。

18歳で妊娠し、19歳で子供を産み、21歳で離婚。27歳で父を亡くし、多額の借金を背負い、私の人生はどうしてこんなにも先が見えない人生なんだろうと嘆いたこともあります。一人で子供を育てて生きていくのは辛すぎると思ったこともありました。シングルマザーというだけで、情けない思いを味わったこともありました。お金がないことで、とても言いようがない惨めな思いをしました。

〝なにくそ、絶対に見返してやる〟〝絶対に許さない〟〝必ずいつかギャフンと言わせてやるんだ〟〝絶対にいつか成功してお金持ちになってやる〟、そんな風に、怒りや負の感情が生きる原動力になっていたこともありました。

普通では考えられない多額の借金を背負い逆境を乗り越えてきた日々の奮闘の中で、今までは情けなさすぎて言えないことが多々ありました。そしてシングルマザーというだけで偏見にさらされる時代に、惨めすぎて消し去りたいという思い出もたくさんあります。

そんな私の過去をお話しさせていただきます。

毒を吐くことによって、私自身がすっきりと過去の辛い出来事に区切りをつけたいと思います。そして、池端美和にもそんな過去があって今があるんだと知っていただくことで、勇気や元気を皆様にもお届けできれば、幸いだと思っています。

毒を吐く～今、吐ける毒は吐いておこう～

カッコをつけていたわけでもないのですが、あまりにも若くて無知ゆえに苦い毒を飲まされて、今まで吐くことができませんでした。

誰だって若い頃の苦い経験を消化できずに、心の中で毒のような塊になって、吐きたくても吐けない思いが一つや二つあるでしょう。

私はようやく吐くことにします。


靴の修理の行商に騙されたことがあります。

日曜日の午後、家に行商が訪ねてきました。靴の修理がないか、近所を回っているのだと言います。普段は見かけない行商だったので、いつも回っているのですか？　と尋ねると、今日は遠方からやってきて、1週間ほどしたらまた転々と地方を回るのだとか。だいたい1足につき1000円を渡すとお釣りがくるくらいの金額でできると言うので、お願いしてみることにしました。1軒1軒チャイムを鳴らして、仕事がないか？　と訪問修理しているらしいのですが、今日はまだ仕事がほとんどないと言うので、ちょっと気の毒に思って、全部で3足、修理を依頼したのでした。

　おじさん、ずいぶんと喜んで、何度もお礼を言ってたなぁ、と、その時は少し温かい気持ちになっていました。しかし……。

　1時間ほど経って、修理ができたと靴を返しに来たおじさんは先ほどとはまるで別人でした。ちょっと怖そうな顔つきで、7万円と言いだしたのです。びっくりして私は警察を呼ぼうと思いました。そんな私におじさんは怒鳴り声でこう言ったのです。「子供の顔もよく覚えたからな。さっさと払え」と。

　この時になって初めて騙されたのだとわかりました。財布の中にはほとんどお金が入っていないので、家の奥にしまっていた封筒からお金を出して払いました 。情けなかったし、怖い思いをして震えました。

　チンピラの小遣い稼ぎだそうで、何件か被害が出ていたそうです。修理は適当に近所の靴屋でやらせて、高い金額を請求する。家まで知られているので、怖くて仕方がなく払うという女性の心理を悪用した手口で、一人暮らしの女性やシングルマザーを狙っていて、スーパーなどでターゲットを探すそうで、私もそのターゲットにされていたのでした。

買ったばかりの有名メーカー新商品の冷蔵庫。今から20年以上前に当時の価格で16万ほどするその冷蔵庫が1ヶ月で壊れ、中の食材を捨てる羽目になり、もったいないと思いました。

買った電気屋さんに電話すると、交換するのに6万円の追加金が必要だと言われ、なんでそうなるのか意味がわからず、言われるがままにお金の準備をしたのです。取り替えられた冷蔵庫は型落ちで、しかも前回のものより容量もコンパクトになっていました。電気屋さんにこれは変じゃないか？　と文句を言うと、「だったら壊れた冷蔵庫を修理するしかない」と言われ、「修理代は10万くらいかかるよ」と付け加えられて、しぶしぶ納得しました。

実はこの時、父に相談したのです。ですが父は「あなたは、おとなしくしてください。余計なことを言って目立つと困るから。世間の恥なのだから」と言われたのです。若くて無知でシングルマザーで、騙されていても言い返せない。世間の目が怖くて、言い返せない自分が悔しかったです。

男が転がり込んだこともありました。いろんな情けない経験が、誘い水のようになり引き寄せたのかもしれません。この男は私の貯金を全部使い果たしたのです……。若すぎるシングルマザーで、あまりにも無知すぎる。情けない思い出。

若くて、シングルマザーというだけで、偏見の目にさらされる。そして、うかうかしていると、いろんな男のターゲットにされるのだと思い知らされました。この時の悔しい経験が、男を2度と信じるものかと思うようにさせたのでした。

ただ、人に騙されるのも、人から軽んじられるのも、誰のせいでもなく自分のせいなのです。私はそれほど無知だったのだと自分の愚かさを反省し、強く生きるきっかけにもなったのでした。

今の池端美和を知っているに人は、まさか？　と思われるような情けない過去です。そんな過去を乗り越えて強く逞しく私は生きてきたんだと、今は自分を褒めてあげたいと思います。

だけどこれだけは変わらない。

何度、毒を飲まされるような苦い経験をしても、騙すより騙される方がよっぽど良い。それは愛がぎっしり詰まった家族の中で育ててもらったからです。

プラスの感情をパワーの源に

何度か書いていますが、〝騙すより騙される方がよっぽど良い〟〝人からものを奪うより奪われている側の方がまだ良い〟と、そんな風に考える私の家族はとても優しくて、私はそんな家族の愛の中で育ててもらったおかげで、私の周囲の人たちは心の優しい人たちばかりです。

そんな幸せな日々は、永遠に続くものだと信じていたし、これほど大きく人生が変化してしまうとは、想像もできませんでした。

父が亡くなって多額の借金を背負うことになり、たちまち食べるものや着るものを自由に買うお金がなくなって、毎日の暮らしがやっとという状況で生活していた頃の苦い思い出です。

この頃は、辛いと思う前にやるべきことがたくさんあったので、辛いなんて思わないようにしていました。自分の中で〝絶対にうまくいく。必ず成功する〟、そのイメージだけを信じて、無我夢中で前だけ向いて走っていた頃に、情けなく悔しい思いをしたことがあります。

ある日、仲良くなった友人たちが勝手に私をお嬢様だと思っているので訂正したことがあったのです。お嬢様ではなくて借金もあって、まだまだ必死で働かなくてはならないことを少しだけ説明しました。すると、その場がシーンと静まり返って、そして後日、その場にいた方の一人から「あんな話を聞かされたくなかった。みんな気分を害していた」と、お叱りを受けました。

なぜだろう？　なぜ、そんなに皆さんが気分を害されたのか？　意味がわからなかったのです。

最近になるまで、私はどうしてもあの時の意味がわかりませんでした。なぜ、それほどまでに皆さんが気分を害されたのか？　考えれば考えるほどわからなかったのですが、たまたまあることがきっかけで、そうか！　そうだったんだ、と気づきました。

借金の話をしただけで『奪う側』『人からものを騙し取るような人間』に思われたのでしょう。叱ってくださった方は、私のために「きっとそんな風に思われるから、人前では話さない方が良い」と遠まわしに教えてくださったのだと思います。

私はその頃、ようやく負の感情や、どうでもいいような小さなプライドや、怒りの感情や猜疑心を吹っ切ることができた時期であり、かっこ悪いから、恥ずかしいから、情けないから、惨めだから、馬鹿にされたくないから、どうせ理解されないなどと思うより、ちゃんと訂正した方が良いと思っていたのです。

しかし、逆効果。周りの人たちに〝私が何かお願いごとをするんじゃないか？〟〝お金を貸してくれと言われるんじゃないか？〟と思わせてしまっていたのです。その時はわからなかったけれど、そうだったのかと、後で申し訳ない気持ちになりました。何でも素直に言うから良いとも限らないのだな、と。

でも、ちょっとだけ私の経験の中で感じてきたことをお伝えしたいのです。経験した人間だから言えると思っていますので、生意気だったらゴメンなさい。

年間3万人以上の自殺大国と言われるこの日本で、経済的に苦しくて夜も眠れず、自殺に追い込まれていくという人がどれほど多いか知っていますか？　中小企業の経営者が経営に行き詰まり失敗すると、経営者個人の資産も何もかも追い剝ぎにあったようにとられてしまうのです。日本は一度失敗するとやり直しがきかなくなる。だから、死んだ方がマシだと思ってしまうのです。

私の兄も、父の跡を受け継ぎ借金を一人で抱え込んでいた頃、様子がおかしくなっていました。同じく父に先立たれてやり場のない気持ちを抱え込んでいた母もずいぶん落ち込んでいた様子が心配だったので、6人の家族が広間で一緒に寝るようになったのです。

そんな日々の中、兄が毎晩、夢遊病のように歩きだすのです。座布団を出して、相手の方に何度も頭を下げて、借金の返済を待ってもらうようにお願いしているのです。玄関口まで見送って、何度も何度も頭を深く下げ、そしてまた横になって寝るのですが、3時間ほど経つと同じ光景を目にするのです。それを一晩に何度か繰り返すのです。

信じられますか？　こんな日々を毎晩毎夜兄は続けて体力も精神力も尽き果てていきそうになっているのです。もう見ている私の方も泣けてきました。目を醒ますように声をかけても、夢遊病特有の寝ながら覚醒しているような状態なので、ダメなのです。

そんな光景を見たら皆さんならどうしますか？　私は、兄は自殺するんじゃないかと本当に心配でなりませんでした。

真面目な人ほど、どうしていいかわからなくなってしまうのだと思うのです。借金を返さなければならないと毎夜うなされて、肉体疲労の上に精神状態も普通の状態ではなくなるのです。さらに、経営に行き詰まっていると言ったら、偏見にさらされて冷遇されてしまいます。だから、真面目な人ほど誰にも言えずに、自殺してしまうのかもしれない。この国では、〝失敗したらもう2度と生きていけなくなる〟と、そう思うのです。そして、死んだ方が楽になる、と、そう思ってしまうのです。

兄も今は笑い話で「自殺しようと本気で思っていた」と言っていますが、あのまま放っておけば、兄は間違いなく自殺していたと思います。私たち家族は、そんな苦しみを家族が支え合って乗り越えてきたのです。

だから皆さんも世間や周りや誰がどう思うか、相手がどう答えるかは気にせずに、誰かに藁にもすがりたいと思っていることを言ってもいいのです。一人でどんどん無口になって抱え込んで、苦しんで、逃げ場を失う前に、自分のまっすぐな心に従えばいい。嘘のない人生がいい、助けてほしいとそう思ったら、言った方がいいんです。

きっと死ななくても、『何かヒントがある』『どうにかなる』、だから決して『あきらめないでほしい』のです。

私たち家族をそうやって偏見の目で見る人もいれば、助けてくれた人たちもたくさんいました。たくさんのご恩の中で生きてきて、そして多くの人に支えてもらったのです。

多くの人たちから優しさや勇気をもらったし、強い気持ちを持てるように背中を押してもらえて、あきらめないでまっすぐ歩んでこれました。

おかげで今では小さな喜びを幸せだと感じて生きています。

相手の方がどう思おうがそれは相手次第なので、相手の考えることをいちいち気にせずに、自分は己の真を進むだけです。だから周囲や相手がどんな態度であっても、大事なことは、自分を信じることなのです。

私はたくさんの人たちのおかげで、猜疑心や怒りや負の感情、虚栄心を克服し、優しい人たちのために、勇気をくれた人たちに報いるために、〝支えてくれている人たちにいつかお返しができる人間になりたい〟、そう思うプラスの感情をパワーの源に頑張れるようになれました。そしてプラスの感情がパワーの源になった時、とても幸せを感じることができました。そして大きなバネにすることができたのです。

反骨精神だけでは、きっと心が折れていたと思います。だから、悔しさや怒りや負の感情はたいしたバネにはならないということを知ってほしいのです。

話は元に戻りますが、うちの家族はみんな正直者です。愚直で愚かかもしれませんが、人情味に溢れる優しい家族です。そんな家族に育ててもらったことを私はとても誇りに思うのです。ちょっとドンくさいけど、搾取する側より、される側の方がいいと思っているし、誰かが喜んでくれる姿を見るのがとても嬉しいと思うのです。

生意気なお話でしたが、負の感情より正の感情の方が大きなパワーになることを知っていただければ幸いです。

一風変わった自分を奮い立たせるもの

自分のことを意志が弱いから無理なんだと思っている人や、自信が持てないと思っている人へお伝えしたいことがあります。

意志が弱くても、ちゃんと自分を制御し、コントロールすることはできるのです。

ダイエットをしたことがある人ならこんな経験はないですか？

スタートからしばらくは、目標に向けて着実に1キロ2キロと体重が動きだす。しかし1ヶ月経つ頃くらいから停滞期に入ると、コントロールしている自分自身の意志が弱くなって、リバウンドした。

1度、自制心を失うと、一気にお酒の量が増えたり、それまで依存していたポテチやあま〜いチョコに走ってしまうのです。こんな経験ありませんか？

仕事も同じように、頑張りたい、もっと輝きたいと、目標を設定して頑張れば頑張った時ほど、燃え尽きてしまう。燃え尽き症候群のように、自分はこの壁を乗り越えることが精一杯だと思ってしまい、次のまだ見えぬ大きな壁を想像して、すでに恐怖を抱いているのです。

たとえ意志が強い人でも、ちょっとしたきっかけで燃え尽き症候群に人は陥ってしまうものです。

誰だって自分の中に弱さはある。どんなに強い人に見えても、心の中では多かれ少なかれ、弱い部分があるでしょう。

そんな弱い部分を、どうやって自制しながら、いくつもの壁を乗り越えていくことができるのでしょうか？

意志が弱くなった時に、どうやって自分を奮い立たせて、再び頑張っているのか？


私は自分の弱さをよく知っています。

人からは強いと思われることが多いのですが、自分のことを強いと思ったことは一度もありません。

弱い自分を自分で受け入れていることが大切だと私は思うのです。

そして、自分の弱さに気づいていれば、自分を奮い立たせ続けるものを見つけておけばいいのです。

私たち家族はあの頃、見えない壁を想像して、そのたびにビビって怖がって萎縮している暇などなかったのです。

いや、実際、誰にも見せない一面ではありましたが、自分の部屋で一人の時に限り、恐怖に怯えて何度も嗚咽を漏らしていたこともありました。

しかし、私の心が折れたら、家族全員の心が折れてしまうという自覚があったため、私の心の弱さは誰にも知られることのないように、自分でセルフコントロールして心を奮い立たせなければなりませんでした。絶対に壁を乗り越えられる精神力を、いつでも十分にみなぎらせておく必要があったのです。

そんな頃の、『一風変わった私を奮い立たせるもの』とは、いったい何だったと思いますか？

それは『極道もん』の切った張ったの世界です。毎朝、この『極道もん』のビデオを会社に行く前に流して気持ちに喝を入れるのです。

『極道もん』の一番の魅せどころは、『義理人情の熱いシーン』と、『男を貫いて戦って撃ち抜かれていくシーン』と、『荒波に揉まれながらのし上がっていくシーン』の3つです。この同じ場面を何度も何度も繰り返し流して、その映像を見ながらお化粧をするのです。当時はテレビも音楽も禁止して、仕事に集中することだけを考えていた私が、たまたまひょんなきっかけでこういった作品に出会ったのでした。

不動産業を起業してから最初に行った私の仕事は、自分の住み慣れた自宅を販売することでした。1年近く1．5坪のプレハブの販売現場で待機しながら、自宅を7区画に分譲して販売していくのです。

私は起業したばかりで現場の経験がないことから、他社の営業マンの方に現場の応援を依頼しました。販売経験が全くない私にとって、経験を積むチャンスだと思い、お客様が来場するまでの空いてる時間にはチラシを作成したり、アプローチブックを作ったり、プレハブでできることを行い、先輩営業マンから客先訪問や、不動産の販売テクニックなど教えていただきました。

しかし暇な時間を持て余すことも多く、私にとって無駄な時間を使うことがストレスに感じていました。しかも別の苦痛も経験させられるのです。それは狭いプレハブに他社の男性営業マン3人と一緒に長時間いることです。狭いというだけでもストレスに感じるのですが、耳を塞ぎたくなるような馬鹿な話や下ネタなど、まだ若かった私をまるでからかうように、遠慮なしに無駄話が飛び交い、本当に毎日が憂鬱になるのです。

先輩方からすると、この先も男社会で生きていけるように、女の子だった私を鍛えてやろうという『かわいがり』のつもりだったのかもしれません。この経験のおかげで男性社会に一気になじむことになりました。

〝この男どものセクハラに負けるものか！〟と気合を自分に入れる日々に、この極道の映画が、私の心にすとんと響き、私を奮い立たせるものになったのでした。


余談ですが、そんな『極道もん』のビデオを見ながら、毎日お化粧するわけですから、どんどんと武装するかのような厚化粧になっていくのです。そして、家族の誰もがそんな私の姿を見て心配していたと、後で知るのです。

1年半近くハマった『極道もん』のビデオから、宝塚歌劇団との出逢いによって、私を奮い立たせる存在はあっさりとシフトチェンジしていき、家族はホッとしたそうです。

あれから宝塚ファンになってもう14年です。宝塚の清く正しく美しくの教えと、そこで頑張るタカラジェンヌたちの姿は、現在に至るまで私の志を高く保ち、マインドセットしてくれる存在になっています。

そんな『一風変わった自分を奮い立たせるもの』のお話でしたが、心が折れそうな時に何かスイッチが入るきっかけを作っておくことって、とても大事だと思ったのです。

〝やりたいことを決してあきらめない！〟、その思いがあれば、乗り越えられない壁はないと信じています。

女は度胸と慈愛

世の中みんないい人ばかり。

全ての人をそんな風に思っているわけではないけれど、悪い人に見えてもきっと何か事情があって、本当はきっといい人なんだろう、そんな風に人を許して生きていきたいと思うのです。

人を恨むことも、憎むことも、ほとんどない、これからもそんな風に生き抜きたいと思っています。


父が亡くなって、多額の借金の存在を知った時に、私たち家族は父の墓前で悲しむ暇もなく必死になって、がむしゃらに目の前のことをコツコツと乗り越えていました。

そんな時に、「父にお金を貸した者だが、返してほしい。生前は父の親友だった」と言ってくる人が現れたのです。そしてさらに「7年前に退職した退職金をいまだに払ってもらっていない」と言ってやってくる親族もいたのです。

そうやって、父が亡くなったと知ると、父の保険金目当てにやってくる人々がいました。

私の父は、きちっとした人でした。

書くことにマメな人で、家族に全てメモや手紙を残す人です。

『言った言わない』という程度の低い問題を残すような人ではないのです。そういう間違いが嫌いな人だったのです。

だから、もし仮に父がお金を借りていたのなら、全て借用書を書いてお互いに金庫に保管していたでしょう。そうした生真面目な人ですから。

実際に、別のお二人の方には、お借りしていたことがわかりました。その別のお二人の借用証書は、父の金庫から出てきたので、すぐわかったのです。

さらに、そのお借りしたお二人には借用証書以外に、もし返せなかった時のためにと、時計やゴルフの会員権などの担保までつけていました。

それほどきちんとする父ですから、口頭で1000万円もの大金の貸し借りをするはずがないのです。

親族が未払いだという退職金も、会社の決算書を遡って見ていくと、退職金以上に上乗せして、しかも家まで建てて、独立したいというその親族に対して、精一杯のことをして送りだしているのです。

そんな父の位牌の前で、よくもぬけぬけと、未払いだと言い張るというのは、もしくは貸したと言い張るのは、人としてどうなのでしょう。

私たちは、父を亡くし窮地に立っている状況なのです。そんな家族から、物を奪おうとするこの人たちは、いったいどんな生き方をしているのだろう。醜悪すぎる。と、人が鬼に見えてくるのです。

そんな時、ある本の中の『人は皆生まれた時は善に満ち溢れて、悪の行為はこの世の事情で起きたことなのだ』という一説が目に止まりました。そして、ふと父の気持ちになって想いを巡らせてみると、考えが変わりました。

きっとこの人たちも本当はいい人たちなのに何か事情があって、こうするしかなかったのだ、と。

そしてさらに、もし父が生きていたら、きっとこの二人の手助けをしてあげただろうと思ったのです。

その頃は私たち自身が人の助けを必要としているような状況で、人助けをしている場合ではありませんでした。

明日、倒産するかもしれないという状況だったのです。

でも、この人たちのために必死で資金をかき集めて、父の代わりに、助けてあげようと決めて、お金を言い分全額、渡すことにしました。

兄に言わせれば、母に言わせれば、「なぜ？」となるでしょうが、単純に、父が生きていれば、自分のことよりも先に、助けてあげただろうと思ったからです。

お金を用意して助けてあげよう、兄にそう言うと、兄は激しい剣幕で聞いてきました。

「そんなお金はどこにあるんだ！」と。

「……ある」と私は答えました。

え!!　どこに！　と、一蹴するような兄。

「これは合法じゃないけど、ある。Ｋ銀行の当座が債務不履行で凍結しているでしょ。その当座に６５０万あるの。あのお金が近々、元金返済に充てられるから、その返済日は口座の凍結が解除されるのよ。その解除された日に、私は別の支店からそのお金を全額下ろすの。お兄ちゃんは、取引窓口で返済の手続きの振りをしてきてほしいの。そのタイムラグを使えば、お金は準備ができると思うから」

私のその計画に、兄は、うなだれていましたが、やがてに呆れて笑いだしていました。そして「お前はほんまに、すごい女やな〜〜、もういいわ、お前に任す」と言って私の計画を受け入れてくれました。

兄は本当に素晴らしい人格の持ち主です。

そして、いよいよ当日。計画通り2枚の小切手を準備して兄はダミーの返済用の小切手を持って取引口座の支店へ。私は全額引きだすための小切手を持って大阪市内の取引先とは車で1時間以上離れた別の支店へ。

計画開始は私が12時ジャストに小切手でお金を出金して持ちだすこと。

兄は12時5分に少しアポイントより遅れて窓口に小切手を持っていき、凍結していた口座から、借入金の元金返済の手続きを行うこと。

この計画はとても無謀だったかもしれませんが、どちらにしても、650万ほどのお金をこの時に返済しても、まだまだ残り5億ほどの債務がこの銀行に残っていましたから、焼け石に水なのでした。

99％倒産するだろうと言われた会社だからこそ、お金は使い道が大事なのだと思っていました。お金はちゃんと信念をもって使えさえすれば、必ず道は拓かれると、そう信じていました。この時は父の想いをおしはかって、親族や友人を助けるために必死だったのです。

そして、後日談。

支店長に兄は呼びだされました。

呼びだされた先は、料亭でした。

支店長「なぜ呼ばれたか？　わかっているだろうね。どれほどのことをやったのか、君の妹は。横領だよ……。警察に突きだすことができるんだよ」

兄「申し訳ないです。妹は、悪くないんです。全て僕の責任です」

この時のお話はこれで終わりですが、この時、私はとんでもない度胸を手に入れたのでした。

残念ながらこの時にお金を工面して渡した二人は、その後、自分たちの会社が倒産して、音信不通になってしまいました。人は自分のために嘘をつく弱い生き物かもしれないけれど、今の私たちも一歩間違えればそうなりかねないのです。立場が逆になった時のことを思うと、心の教訓になりました。

素晴らしい人たちとのご縁に導かれてゆく未来を信じて、まっすぐに生きていくこと、そして慈愛の心を忘れないことを、ここでさらに胸に刻むのです。

女は欲張りくらいがちょうどいい

私は、ある時から1、2、3、4、5、6、7、8、9、10と順番を数えられなくなりました。

は⁉　何言ってんの？　と、思いましたでしょうか？

第1章でもお伝えしましたが、20代から30代半ばくらいまでの私の人生は時間に追われ、お金の工面に走り回り、綱渡りのようなヒヤヒヤとしたバランスの悪い日々を過ごしていましたので、休日をゆっくりと楽しみ、趣味の時間を取るといった心の余裕を持つことを拒否していたようなのです。とにかく少しでも前に進むことしか考えていなかったのだと思います。

イメージでいうと階段を1段ずつ登るのではなく、0段です、次は2段です、7段目です、といった具合に、1、3、4、5、6段が抜けているような状態です。

ある時期までずっとこのように過ごしてきたので、お恥ずかしい話ですが、ふと気づくと『気が短く』なっていました。順番をゆっくり読むことができなくなるくらい『気が短く』なっていたのです。いつも何かに焦っていて早く結果を出したいと苛立ち、焦り続けているのです。

本当は、いっぱい勉強もしたかったし、人が経験しているようなこともたくさんしてみたいと思っていたのですが、変に欲が出て〝楽したい、遊びたい、お金が欲しい〟と余計なことに気を取られないように、気持ちを押し殺していたんだと思います。だから気がつくと、必要なことにだけ興味を持つようになってしまい、すぐに必要ではないものは、目にも止まらないし、耳にも入ってこないし、五感に伝わらなくなってしまったのです。

いわゆる無関心。

綺麗なものを見ても綺麗だと思えないし、可愛いものを見ても可愛いと思えない、面白いものを見ても面白いと思えない、勉強した方が良さそうな内容にも、今すぐ必要でなければ見向きもしない。

ピンポイントで必要だと感じたものにしか、時間もお金もかけない、心も頭も体も使わない。そんな状態だったのです。

絶対に手に入れたいものへの執着です。優先順位の全てが、父の志を受け継ぎ、家族を守り、会社を守ること、だったのです。

そんな極端な私ですが、私にも起業した時から、ずっと支えてくれている、同業者の恩人といえる仲間がいるのですが、その一人からこんなことを、教えていただきました。

「池端さんの良いところは、平気で、恥ずかしげもなく、誰もが知っている当たり前のようなことを、〝知らない！〟ってすまし顔で言えることだよ」と言うのです。

……それ、どういうこと？？

「普通の人が1、2、3、4、5と経験を積んで知っていることなのに、池端さんはそこを飛ばして生きてきたから知らないことが当然なんだけど、仮に知らなかったとしても、普通は、その知らないことを隠そうとするんだよ！」と。

……なんで、隠さなきゃなんないの？？

「カッコ悪いからだよ！　知らないとカッコ悪いから、普通はそこで、知ってるふりをしてしまって、だから後になって人に聞けなくなるんだよ」

……？

「そして、聞けないまま、知らないことを放置して、問題が大きくなって、自分で解決できなくなって、失敗するまで誰にも聞けずにいるんだよ。そして、最後はやっぱり失敗するんだよ。でも、池端さんがすごいのは、あっけらかんと、知らないことを恥ずかしげもなく〝知らない！〟って言うところなんだよ。人に馬鹿にされても平気なんでしょ。そこが強さで、すごいんだよ」

と教えていただきました。

私が起業した頃からずっと力を貸してくれている恩人ともいえるこの人に、こんな風に言っていただいたので、びっくりしました。

私は「知らないことを知らない」と言って、周りが少し私の顔を見て、この人大丈夫？と首をひねっていることに気づいているし、馬鹿じゃないか？　と軽視されていることも感じているのだけれど、知らないことを知らないままにするのが嫌なのです。知りたいと強く思うのです！　カッコつけて知ってるふりをした時期もあったけど、やっぱり知らないことはさっさと知らないと言って教えてもらった方がいいじゃん！　と思うようになったのです。

こういう恥も外聞もなくケロッとできてしまうところが、逆に私の強みになっていたのでした。知らないから教えてほしいと素直に言わなければ、誰も気を利かせて教えてくれませんから、素直に聞くようにしているだけなのですが、まさかそこが美点と評されるとは思いがけず嬉しかったです。

今では何でも性急に早くやればいいというものではなくて、1は1の意味があって、2にも2の意味があり、3も4も5も6もあって、それぞれの意味を知り、その経験を積みながら一歩ずつ歩みたいと思うゆとりを持てるようになりました。

女は貪欲に幸せになりたいと思う生き物です。そして欲張りなのです。やりたいことを全てやりたいし、知りたいと思うことも、全て知っておきたいのです。

学ぶことが楽しいと思うし、やりがいや生きがいを感じたいと思うのです。

そして女は、めげない、しぶとい、打たれ強い生き物です。全てを手に入れるためには、無関心にもなれるしバカにもなれるのが女です。

女は欲張りくらいがちょうどいいのです。

今すぐに一番良い服を着て、出かけましょう

今では、美容家として日々の習慣がとても大切だと提唱しながら、私自身も彩りを感じながら毎日が幸せだと思えるよう丁寧な暮らしをさせていただいています。

しかし数年前の私は恥ずかしながら、食事もほとんど食べず、お腹が空いたら思いだしたようにコンビニで適当なものをみつくろって食べていました。テレビも見ないし音楽も聴かない。遊びにも行かない。漫画も読まない。付き合っていた彼とも別れて、余計なことに気を取られないように、全てを自制して集中できる環境を作っていました。

さすがに彼と別れたことは心に痛みを伴い本当に苦しかったです。なぜそこまでして？と思われることでしょうが、不器用な私は、自分の感情を抑えることができないと思ったのです。だからそうするしかないと思い込んでいました。

当時の私が幸せだと感じることができたのは、会社が今日を無事に過ごし、1年を終えて新しい年を迎えることができた時くらいです。

今思えば、なんて私は不器用なんだと思いますが、心に隙を作ればその中に潜む闇に支配されそうで〝自分さえうまくいけばいい〟と思ってしまうのが怖かったのです。だから今

日を乗り越えていくことと、明日を乗り越える勇気を養うことだけに集中しておきたかったのです。それ以外に、何も考えられなかったし考えたくなかったのです。

この頃のことはあまり思いだしたくないし、思いだすといまだに涙が出ます。

特別な存在だった父を突然亡くし、不安で心が押しつぶされそうになりながら部屋で隠れてよく泣いていました。

食べるものを買うお金がない。それは、お弁当と食パンを買ってきて、ハサミで全部二つに切って、数回に分けて子供に食べさせる。そんな感じで、お腹いっぱい食べさせてあげられない情けなさによって、さらに人生が灰色になりかけていたのです。そんな私の心の彩りは『一風変わった自分を奮い立たせるもの』の中でもお話ししたように、1本の宝塚のビデオをすり切れるまで見るくらいで、それが唯一の心を保つものでした。

ただこんな色あせた私でも、〝このままではいけない〟と感じているのです。自分を変えたい、何か変わるきっかけが欲しい。そう願っていたのです。

そんな折に勇気を出して、ある経営者の会へ出かけました。そしてそこで、私の人生に大きな変化を与えてくれる出逢いが待っていたのです。

この時は何も考えていませんでしたが、この後、私が大きな影響を受けることになる経営者の諸先輩方と出逢うことになります。

その先輩方が、世間話のように話されていたお話がたまたま私の心を突き刺し、息吹を与えてくれたのです。

「素敵なものを素敵だなと感じる感性を養うこと、仕事以外のことに興味を持つこと、この二つは仕事をしているとついつい忘れがちになるのだけど、実は、人生をより豊かにするためにはとても大切な時間なんだ」と、お話しされていました。

そして「自由になる時間とお金を無理にでも作って自分に投資すること」「良いものを見て、感じて、触れて、味わい、五感をフルで活用すること」と先輩たちが話されていた内容が心にズバッと刺さったのです。

さらに、「誰もが自分の仕事のことは知っていて当然なんだよ。自分の仕事のことに関しては誰より語れるのも当たり前です。なぜならプロなのだから。でも仕事のこと以外のものには無関心に生きて、何も感じられず、考えられない、そんな色あせた人生を送っていては、どんなに仕事ができたとしても、誰からも魅力的に感じてもらえない人になってしまうよね」とおっしゃったのです。

そこにいた私は、なぜか急に恥ずかしくなり、自分のことを言われているようで、いたたまれなくなっていました。

それから私の心に彩りが蘇るのです。

余裕を持つこと、ゆっくりとした時間を楽しむこと、心にゆとりを感じること、いろいろ見て回り、自分で何かを感じて、『好き、嫌い、美味しい、不味い、素敵だ、綺麗だ、美しい、気持ちがいい』と五感をフルに使って、今までやってこなかったことをたくさんやろう、もっともっと仕事以外の時間を大切にしていこう、もっと女を謳歌しながら、欲張りに貪欲に生きよう、そう思うようになったのです。

先輩方がお話しされていたあの時の言葉は、魅力ある経営者になるためにも、とても大事なことを教えてくださったのだと思いました。

それからです。

本当にゆっくりでしたが私の周りに素敵な人がたくさん集まるようになり、そして私もその中に自然と溶け込むようになっていくのです。

そこからは、見えてくるもの全部が美しい色のようでした。全部が綺麗なものに映り、心に響きわたるようになり始めるのです。

私のこれまでの色あせた人生に、ようやく彩りが取り戻されていきました。

今、友達がたくさんいます。手を貸してくれる仲間や、一緒に勉強したり、悩んだり、お互いの話を聞いたり、美味しいものを食べたり、いいものを見たり、感じたり、本当にそんな風に友人や仲間とともに過ごさせていただいています。そして皆様からますます良い影響を受けて刺激いっぱいの毎日です。

こんな日々を、また過ごすことができて、人生は何が起こるかわからない。人生は捨てたものじゃないと思うのです。

あの時、先輩方の言葉が耳に入らなかったら、いえ、この人たちに出逢わなければ、今の、彩り豊かな人生はなかったと思います。

人生は誰の影響をどう受け止めるかで大きく変わるということを実感しました。そして、人は誰かの影響を受けて刺激を感じて成長しているんだと思いました。

どんな人と一緒にいて、どんな刺激を得ることができるかで成長の速度は変わります。貴女の周りには誰がいますか？　素敵な人はたくさんいますか？

今すぐに一番良い服を着て、出かけましょう！

自分の誕生日は産んでくれた母へ感謝を捧げる日

30歳の誕生日でした。三十路と呼ばれる歳になるのです。なんとなく憂鬱に感じていました。

子供を産んだお母さんたちにはわかっていただけると思いますが、19歳で子供を産んだ私の体は、そのタイミングから体型が崩れてしまったのです。これからもっともっと美しく咲き誇れるはずだった花は満開を見せず一瞬で散りゆくのです。

10代とは思えないような、おっぱいの張りがなくなり柔らかくなってしまった体は、30代半ばくらいまでずっと私のコンプレックスになっていました。ただ、このコンプレックスのおかげで今の美容家としての道へと繋がったのでしょう。

この先は緩やかに歳を重ねて、子供が大人になった時にも「お母さんは、いつまでも綺麗ね」と言ってもらえるような歳の取り方をしたいと心に誓ったのです。

そんな頃、とうとう三十路と呼ばれる私の誕生日がやってきます。私の誕生日は4月初旬。年間で一番の繁忙期です。特に不動産管理をメインに行っている私の会社は、この時期はずっと頭の中が仕事でいっぱいなのです。まだ当時はパートの方が手伝ってくださっていたくらいで、部屋の改装手配や、現場の確認、お客様のご案内や契約まで一人であれもこれもと忙しくしており、うっかりタイミングを逃すと1年間の空室が出てしまう恐れがある勝負時期なので、この時期は特に忙しいのです。

毎年こうして目まぐるしい忙しさの中で過ごしていたので、自分の誕生日なんて覚えているはずもなければ、どうでもよかったのです。

ですが、どうしても誕生日を祝いたいと娘が言うので、日が変わる前にようやく、母と娘のいる家にたどり着きました。娘は嬉しそうに、とても大きなケーキを準備してくれていたのです。でも、正直な気持ちを言うと、そのケーキを食べる気力もなければ、喜ぶ余裕もなくて、うわべの笑顔を作っていました。三十路と呼ばれる歳になり、なんとなく、コンプレックスに拍車がかかり、女としての自信も失いつつあります。ろうそくの炎の揺らぎを見て魂が抜けていくように心を落とすのです。

さらに、当時は母との間に溝がありました。父を突如なくした母の気持ちを思いやる余裕のない私は、長年暮らした家をさっさと売り飛ばすような娘ですから、母の中では、仕方がないことだと思っていても、何か割り切れない思いがあり、私といるだけで心を疲れさせてしまっていたのだと思います。

そんな複雑な感情や雰囲気や体の疲れから、娘が用意してくれたケーキを食べることができなくて、とうとうそこで私は最悪のことをやらかしてしまいました。せっかく用意してくれたケーキを食べずに、娘を置いて、また夜中に職場に戻ってしまったのです。娘が涙で見送っていました。そしてますます、母との溝が深まっていくのです。

あの頃の私はむしろ、母に失望していたのです。「私は忙しくて、それどころではないの」と母に対して無言で責めていたのです。まるでもっとあなたも母親らしくちゃんとしなさいよ、と言わんばかりに。

私の誕生日は、この母が私を産んでくれたことに感謝をする日なのに、この頃の私は本当に馬鹿で振り返ると恥ずかしい限りです。

そんなある日、いつもお世話になっている先輩に次のようなことを聞かれました。

先輩「お母さんは元気か？　娘は元気か？」

私「はい、元気です。でも……いろいろうまくいってません」

と、諸々の諸事情をお話ししたのです。

するど、その先輩は「全部あなたが悪いね。なんで悪いかがわからんのが致命傷です。論語でも読んでみたらいいね」と言われるのです。

いつも先輩方のおっしゃることは、とにかく素直に聞いてすぐに行動に移すようにしていましたから、もちろん論語も読みました。しかし、私のどこが悪いのか、どうしてもわからなかったのです。

私の心の中は醜悪極まりない思いでいっぱいになっていました。

……私は、母や家族のために、誰よりも精一杯頑張っているのに、母は私が何をしてあげても喜ばず、不満ばかり抱えている。私が母や娘のためにこれほど頑張っているのに母は〝自分だけが可哀想だ〟と、そう思っているに違いない。なんて強情で自分勝手な人なんだ。だから私の気持ちを受け止めようとしないんだ。これほど大変な時をみんなで一丸になって乗り越えなければならないのに、まるで私への当てつけのようにしているんだ。

長年住み慣れた家を私が売ってしまってから、みんなが怒ってるんだ。こんなことで家族の心がバラバラになってしまったのでは、私は何のために頑張って、毎日我慢しながらやっているかわからないじゃないか。……と、こんな醜悪な心で母に対して腹を立てていたのです。

ですが、その先輩は私と会うたびに、ことあるごとに、いつも同じ質問をされます。「お母さんは元気か？　娘は元気か？」

　私は、どうせ自分が悪いと言われるのだからと、ある時から返事は「はい、元気です」としか言わなくなっていました。ですが、やっぱり先輩は「あなたがなぜ悪いか、わかるようになったの？」と聞き方を変えて掘り下げてこられます。

　私はこの頃、母の話や家族の話をされると、とても嫌な気分になっていました。どうにも埋まらない溝、どうしようもない溝を思いだすと、嫌な醜悪な気持ちがこみ上げてくるのです。だから、先輩にこの同じ質問を何度もされるのがとても辛くて、だんだん先輩に会いたくないとさえ思うのでした。

　しかし、ある時そんな私を見透かした先輩に本気で怒られてしまうのです。

「いつまでたっても、あなたは自分を産んでくれたお母さんを責めている。たとえどんなにあなたのお母さんが理不尽だったとしても、それでもあなたのお母さんには変わりがない。お母さんを超えて、あなたがお母さんのお母さんにでもなったつもりなんですか？　だからあなたは産んでくれたお母さんに対して『守ってやる』だの『やってあげてる』だの、偉そうなことを言うのですか？」と言われたのです。

　この時ようやく目が覚めました。……そういうことだったのか？　母の前で、ずっと私の方がまるで偉くなったように接してきてしまっていたのか？　母は、本当はいつまでも親として私たちを守りたいと思っているのに、私が母の気持ちを無視して、勝手に立場を乗り越えて偉そうな態度を取っていたのだ。と、そう気づいたのです。

6年もの間、気づくのに時間がかかりました。もっと早くに気づけていたらと、後で大きな後悔をすることになるのですが……。

次の日から、早速、私は180度変わりました。

「ママ、今日帰り、そっちに早めに帰るからご飯作ってくれる。簡単なものでいいねん。ママの卵焼き食べたいわ」

「ママ、今日は疲れたから、お布団早めに敷いて準備しておいてほしいねん」

「ママ、朝起きられへんかったらあかんから、起こしてほしいねん」

「ママ、洗濯する時間があまりないから、手伝ってほしいねん」

「ママ、ママ、ママ」

そんな風に母を引っ張り凧にした途端、母はとても笑顔になって、私がまるで小学生の子供に返ったみたいに可愛がってくれたのです。不思議なことに、こうして溝は簡単に消えていきました。

　これが親子というものなのでしょう。まるで何もなかったみたいに、あっという間に溝がなくなり仲良く大切な人になれたのです。そして、まるで親子の雪解けを待っていたかのように、私が必ず戻ってこようと誓ったあの街に家を買うことが決まりました。母と、娘と三人で暮らす家になります。みんな大喜びです。

　本当に、ようやく、私たち家族に幸せが訪れたと思った瞬間でした。


しかし、その幸せもほんのわずかとなるのです。

大切な人を失う悲しみに私もずいぶん苦しみましたが、私よりも何百倍も苦しみを感じていた母は、長年連れ添った父の突然の死というあまりにも辛い悲しみに向き合えず、心を少しずつ閉ざしていたのです。母は私たちの前では、心配をかけないようにずっと我慢していたのでしょう。

　新しい家に引っ越してきて、幸せを取り戻し、喜ぶ日々と同時に、母はほっと肩の荷を降ろしたように、嫌な思い出を消し去るように、認知症を患うことになりました。母はまだ66歳でした。

グリーフケアという存在をこの頃に知っていれば、もっと母の心のケアをきちんとしてあげることができたと後悔しています。あの頃の私たちは、生きることに必死だったために、母のそうした心の闇に向き合ってあげられなかったのです。

母にグリーフケアを受けさせてあげれば良かったのに……、後悔しても遅いのですが、もっと母に寄り添ってあげれば良かったと心底後悔しています。

こんな後悔は絶対に誰にも味わってほしくない。親を大切にできない子は、この先どんなに頑張っても、どんなに偉くなっても、どんなにお金を稼いでも、何かいつも足りないものを感じるのです。だから、隣のものを欲しくなる。奪いたくなる。搾取したくなる。

親を大切にできない子は、本当の幸せを感じることができなくなるのです。

今、私はとても後悔していますが、私の母はまだ元気で生きてくれています。私のこともまだちゃんとわかってくれています。だから、これからは絶対にもっともっと母を大切に大切にできる子になります。

そしてこれから私の誕生日は産んでくれた母へ感謝を捧げる日にします。

自分の子供を信じる

『ウサギとカメ』の物語を聞いて子供の時に私が感じたことは、〝私はウサギだわ〟ということでした。1学年3クラスしかない私立の小学校にいた頃の私は、根拠のない自信で人生をなめていたのだと思います。

大人になって、自分はカメの中でも鈍臭い方のカメだと認識しました。

人生は振り子のように行ったり来たりしているのだと感じています。振り幅が大きくなればなるほど、自分の無知さや器の小ささを痛感するのですが、伸びシロが多いのだと自分に言い聞かせて、とにかくひたすら努力を続けるまでのことです。

時間をかければ大きな壁も乗り越える確率が高くなる。そう信じて一生懸命やるしかないのです。

小学生の男の子が、中学生の女の子と、背比べをしました。負けました。当然です。しかし時が経って小さかったあの男の子が逞しくなって彼女を上回り、そして二人は夫婦になりました。めでたしめでたし。という逆転もよくありますよね。そうなのです、時限装置がなければ勝てる確率は高くなるのです。

『ウサギとカメ』のお話は、怠け者よりも真面目にコツコツコツコツあきらめずに進めば逆転の奇跡が起こり『正義は勝つ』という痛快な物語です。

〝今は勝てない〟〝まだまだ力が足りない〟と思っても〝負けっぱなしの悔しい人生は嫌だ～！〟という心の叫びとともに湧き上がる負けん気が〝あきらめない。絶対あきらめない。必ず追いつきたい。必ず乗り越えたい〟という思いを生み『自分を信じる力』になってがむしゃらに頑張ることができるようになるのでしょう。そして気がついたら逆転していたということが多いのです。

例えば、小学校の先生が、「○○ちゃんはとても優秀です。将来がとても楽しみです。ですが△△くんは暴れん坊で将来が不安です。お母さんのしつけが悪いのでは？」と言うと、先生の言葉に二人のお母さんたちの態度は、○○ちゃんのお母さんは鼻が高くなっているのですが、引き合いに出された△△くんのお母さんは背をまるくして申し訳なさそうにして気を落としているのです。そんな光景を見て、なんてつまらないことを先生は言うのだろうか？ と私はよく思っていました。

そして〝お母さん、お母さん。先生のそんなどうでもいい、つまらない話を聞いて落ち込んでないで、あなたが自分の子供を信じてあげなきゃ、どうするの!?〟と思っていました。

実際に私の娘も先生に他の子供と比較されたことがありましたが、「お言葉ですが先生というのは、子供の将来を今決めるのでしょうか?」と反論させていただいたこともありました。

他にも、私の娘に対して「母子家庭で育っているから、○○ちゃんは大変ね。本当に可哀想に……」というように心配してくださる人もいましたが、本当に余計なお世話だと心で思っていました。私の娘は、立派に就職して、優しく健やかに育っています。小さな子供にまで、なぜ格付けしたがるのでしょうか。

思い込みのようなつまらない矜持で『勝った、負けた』と親の世界では子供たちに対して、ちっぽけな比較をしたがるのですが、〝自分の子供は○○ちゃんより劣っているわ〟と嘆く前に、自分の子供を信じてあげてほしいのです。

そして、どんなに頭が良くても、良い学校を出たとしても、「うちの子は△△くんより良くできるわ」と鼻にかけていても、人生とは振り子のようなものですから、上には上がいると痛感する時があるのです。自信家になることは悪いことではないのですが、そのうち〝ああ、自分は無力だな〟と感じる時が来てしまいます。〝こりゃ勝てないや〟と思う時に、さて、その子はどうするのか考えたことありますか？

「あなたはあなたでしょ。あなたにしかできないことがある。自分を信じましょう」と言ってあげてほしい。

何かといつも誰かと比較されていたら、承認されたいという気持ちが強くなり、そのまま大人になった時に、本当に大切なことを見失ってしまいます。ですから、お母さんたちは、自分の子供へ向ける言葉には十分に気をつけてほしいと思います。

今は負けていても、いつか勝てる。今は勝っていても、大きな壁に阻まれることもある。うまくいかない時も逆境に立たされていても、自分の力を信じて立ち向かうことができるように育ててあげてほしいと願います。

COLUMN 2

耻ずかしいから、できない？
カッコ悪いからあきらめる？
惨めだと思うから人に聞けない？

そういう感情が、小さくまとまった
小者にしていると思うんだよ
そんなプライドが全部吹っ飛ぶ魔法の言葉
『カッコ悪い、が、カッコいい!!』
これ、すごいパワーあるよ
私が惨めだな〜〜〜って思う時、ぐるぐるヘビロテだよ
人から笑われても、バカにされても
〝カッコイイことしなきゃ！〟って思っても
ジレンマも
承認欲求も
そわそわも
どうでもいいプライド全部吹っ飛ぶ
『カッコ悪い、が、カッコいい!!』
すごい元気になるよ

CHAPTER 3

女を謳歌しながら
キャリアを磨く

HOW TO BE SUCCESSFUL
IN A FEMININE WAY

心の底にドロドロとした醜悪な気持ちを抱えて、心が苛まれていた時期もあって、それを人に伝えることは、本当に恥ずかしいことだと思っていたのです。

ですが私を成長させてくれたのは、たくさんの本や、人との出逢い、そして様々な経験でした。どんな時も未来を信じて歩んでまいりました。

普通に考えれば、阻まれた大きな壁は、未熟者の私には乗り越えられなかったのかもしれないのですが、こうして今あるのは、これまでに私に関わってくださった方々のおかげなのです。

私を見つけていただき、手を差し伸べてくださり、導いてくださる人々に恵まれて今があります。

こうして人のご恩の中で生きてきた私の人生を振り返りながら、男性社会の中で女性として生き抜く力や、自分なりに感じたことや、その経験から本当の幸せについて気づいたことがたくさんありました。

10代で子供を産み〝女の価値を失った〟と思ったその時から、女を磨く人生が始まり、〝借金を背負ってこの世の終わり〟と思った時から、女でも社会の中で逞しく生きようと決めたのです。

失ったものを一つ一つ取り戻していく逆境の人生の中で、男勝りに頑張れば頑張るほど、同じくらい女を謳歌しなければせっかく女に生んでいただいたのにもったいないと思ったものです。

そんな私の社会の中で生きる上でのスタイルやキャリアを積み上げていくマインドが、キラキラ輝くための貴女のヒントとして感じていただければと思います。

私の結婚観

●ワークライフバランスが云々とかではなくて……

花を育てるとすぐに枯らしてしまうし、飼っていたハムスターには噛み付かれて逃げられるし……。

何かのお世話をしたり、育てたりすることって、正直言って、私は大の苦手です。犬を飼おうと決めた時に、娘に「子供もちゃんと育てられなかったあなたが犬を本当に飼えるの？」と、遠まわしに自分は放ったらかしで育てられたけど、こんなに立派に成長したわよ、とドヤ顔で言われるくらいです。

うちは母子家庭というより、父子家庭のような育て方になっていたと思います。

そんな私でも子供を育てられた（？）というか、子供は勝手に育つのですから、「〇〇ちゃん、あなたにもできるわよ。心配しなくて大丈夫だよ。優先順位が変わることがあるだけよ」と、仕事と結婚を両立させて、今まさに子供を産むか迷っている友人へ、こうしてアドバイスをしているのです。

●子育ての不安も産むが易し

今の時代の女性の悩みの一つに、結婚したいけれど仕事との両立や子供を産み育てることの不安を感じている、というような女性が多くいると思います。

「どうして10代で子供を産もうと決断したのですか?」「一人でどうやって育ててきたのですか?」とよく聞かれるのですが、子供を『産むか産まないか』の選択肢は私にはありませんでした。神様からの授かりものとして『産む』ことしか考えていなかったから選択するという考えが最初からないのです。

シングルマザーで『一人で子供を育てることの大変さ』ですが、偏見や子供がいると仕事が見つからないなど、多少の問題もありましたが、こちらも今思えば、1日にやることが多くなっただけで、特に何も変わらないのです。

仕事でいえば、1日にこなす業務が増えただけのことです。責任がある立場になればなるほど業務は増えますし、それを効率よくこなす力量が備わります。それと同じことで、1日にやるべきことが増えただけ。ただそれだけ。

しかし、『ただそれだけ』で、これほど大きな幸せを手に入れられたのです。

娘から私は大きなプレゼントをいただいたと思っています。それは、この子を守ろうとする『心構えと覚悟』です。娘がいなければ、私は数々の大きな壁を乗り越えられなかったかもしれません。

子供がいたから大変だったのでは？　と周囲の人は思うのではないでしょうか？

しかし、むしろ逆です。この子がいてくれたから、私は頑張れたのだと感謝しています。

●結婚観も大きく変化する時代

さて、そんな私の結婚観を少しお話しさせていただきます。

今は電子マネー『楽天エディ端末』でお賽銭を受け取るという神社で〝結婚ができるように〟と願う時代ですから、若い人たちの結婚観が変わってきても当然です。すでに恋愛観もずいぶん変わっていると思います。

恋愛しない若者が増えて〝デートに使うお金を無駄だと感じている〟〝家で好きなゲームをして遊んでいる方が楽しい〟〝傷つきたくない〟〝親といる方が幸せだ〟などなど、〝結婚したい〟という願望はあるものの、恋愛離れしている若者世代の人たちが急増中だとか。

私は何も考えずに子供を産んで、すぐにバツイチになり、当時のことを思うと母には特に忍びない思いをさせていました。

ですが、おかげさまで私の娘も24歳になり、いつ嫁に行ってもおかしくない年齢になりました。こう考えると人生に失敗はないのです。

……と、いつまでたっても楽天的なのも考えものでしょうか。

さて、そんな私が思う結婚観ですが、まず次の三つを考えてみました。

①結婚とはどんなことなんだ？

②結婚相手と価値観が合わないと困ることって何？

③なぜ今の時代、晩婚化だと言われているの？

【結婚とはどんなことなんだ？】

一般的な考えで結婚したら『女にとって何が変わるのか』を箇条書きにしてみました。

1 一緒に暮らす、住む家が変わる

2 生計を共にする

3 家族が増える

4 子育てをする

5　安心できる場所がある
6　幸せと温もりを感じる
7　苦楽を共にするパートナーができる
8　子供の成長を見守る楽しみがある
9　老いを共に過ごすパートナーがいる
10　一緒のお墓に入る家族ができる
11　親戚付き合いが生じる
12　嫁ぎ先の両親と同居、そしてその先の介護
13　姓が変わる
14　名称が『個人の名前』から『お母さん』『ママ』に変わる
15　個人がなくなり妻として、嫁として、母として生きることになる

これまでの世間一般の女性の結婚観とは、人並みの人生を送る出発点やステータスを得るものと考える人が多かったようですが、反対に男性にとって結婚は人生の墓場だと言っている人も多いそうです。

結婚をすることは『個人』より『家族』を意味し、人生の大きな変化が伴うと感じている人がとても多いのではないでしょうか？

【価値観が合わないと困ること】

1 食べたいものや味の好み
2 体臭や生活臭などの匂い
3 趣味
4 食べ方やマナー
5 彼や彼の家族の倫理観
6 金銭感覚（ケチ、見栄っ張り、浪費癖など）
7 清潔感

昔の人はお見合いで相手を決めてお嫁に行き、嫁ぎ先で「価値観が合わないと困る」など言えるわけがない時代ですから、女性にとって自分の価値観が芽生える前に、さっさと結婚して、その家に少しでも早く馴染むことが、むしろ幸せなのだと思われます。

しかし現代ではこれだけ多くの情報が耳に入り、ますます女性の社会進出が進む中で、結婚する前の女性にもすでにしっかりとした価値観ができあがっているのです。

こうなると長年一緒に暮らしていく上で、この価値観が合わない人との暮らしは苦痛にしかなりません。

【なぜ晩婚化？】

晩婚の気配に潜む女性たちの心は次のような葛藤があるのではないでしょうか？

1　仕事がやっと楽しく思えるようになってきたばかりで、もう少し結婚は先で良い
2　仕事と家庭とか子育ての両立が想像できない
3　家の居心地が良すぎて、結婚なんてもっと先にしたい
4　もっともっと経済力があり、生命力にあふれた良い男を見つけるまでは結婚は無理
5　自分に相応しい人や価値観が合う人に出逢うまでは結婚なんてしない
6　結婚したいけど子育てとか面倒だしお金かかりそうだし想像できない
7　将来を考えると、不安で不安で結婚なんてまだまだ先のこと
8　いつまでも気楽なままでいたい

いろいろと今の女性たちは〝結婚したい〟という願望はあるものの、結婚するまでに自分を納得させなければならないハードルが高すぎて、晩婚化する一方です。決断するまでにまだもう少しゆっくり考えよう、もう少し先でいい、もう少し、もう少し、と思っているうちに、時限装置が作動し始めるのです。

しかし現代の医療技術の進歩とともに高齢出産が普通になって、ギネスでは66歳の女性の出産が最高齢とされています。ハリウッドセレブの高齢出産も増えて高齢出産に対する抵抗感もなくなり、ますます晩婚化が進むのです。

そんな時代だから、女性たちはいろいろと思い悩み、〝結婚したい〟と願望があるものの、現実にはどんどん結婚が遠ざかっていく。そしてある日、ひゃーっと気がつく。〝30オーバー……。もう、遅すぎるんじゃない、私？　やば!!!〟と焦る、焦る、焦りまくる（大汗）。

しかしふと周りを見ると、A子ちゃんもB美ちゃんも結婚まだだし、ちょっとホッとする。すると、（ここまで待ったんだから、どうせ結婚するなら人並み以上が良いわ～）と心の声が聞こえてくる。そして気がつくと、あっという間にアラフォーと呼ばれる歳に。

今度は本気で焦る。半端なく焦る。焦る！　焦る！　焦る!!!

〝とにかくもう理想はどうでもいいから人並みに、結婚したいの～〟と、ようやくハードルを蹴飛ばして駆け込み結婚する。〝ハァ〜間に合った。私、ギリギリセーフだったわね〟といったケースが非常に増えているそうです。

時代が変わりゆく中で女性たちの結婚観も変化する時代がそこまで来ているのです。ですが今はまだ日本の女性たちは、いつまでも過去の結婚観に縛られて、自分に合った選択が何なのかがわからないのです。わからないのですが、仕事の充実と、プライベートな安息、そしてお金のゆとり、この3つのバランスが揃わないと結婚したいという欲求が高まってこず、ついつい結婚を後回しにしてしまうのでしょう。

そして社会で活躍すればするほど、こうした思いが現代の女性の晩婚化を促進させ、ライフキャリアに影響を与えることでしょう。

そうした傾向は、言い換えれば、日本の女性たちがようやく『結婚が幸せのゴール』ではないことに気づき始めているということなのかもしれません。

では、今の時代に合った結婚観や自分にとって一番大切なこととは、いったいどんなことなのでしょうか?

そもそも結婚観が日本は固定的で、結婚すると女性は妻、嫁、母となり、大きな変化を伴う風習があります。そしてさらに家を引き継ぐという『責任』が重くのしかかり、『個人』がどこかに消えていくような文化があります。

そのような結婚観が、ますます晩婚化する原因の一つだと言えるでしょう。

●シングルマザーの私が結婚してなきゃ困ること

私がシングルマザーだった頃の経験から、『結婚してなきゃ困る』ということが何なのかを考えてみました。

旦那さんがいなくて困ったことを改めてじっくりと思い返してみたのですが、忘れてしまっていることも多いようで、具体的にはあまり思いだせないのですが、例えば次の3つでしょうか。

①自分の給料が少なく将来が不安

②育児や仕事や社会の中で大人として責任を抱える不安、重圧感

③シングルマザーへの固定概念や偏見

この3つも、振り返ってみればたいしたことではないのですが、当時の私にとって一番

キツイと感じたことは、シングルマザーに対しての偏見でした。子供を仲間外れにされた時には、さすがに結婚してないとこんな目にあうんだと、子供に申し訳ない気持ちになり、辛い思いをしました。他にも学校の先生の対応とか……。

（回想中）

先生も人間だから　仕方ないのだけど、うちの子が他の子と喧嘩したら、喧嘩両成敗じゃなくて、あそこは母子家庭だから、と先入観で決めつける先生もいたなぁ。うちの娘と遊んじゃいけないと親に言われたという子供が「なんで遊んじゃいけないの？」って私に聞いてきた時には涙が出たかな。小さな子供たちに大人の事情を持ち込んで、情けない気持ちにもなった。

親バカで言うのではないのですが、うちの娘はちょっと要領が悪いところもありましたが、手先も器用で優しい子です。それでも、母子家庭というだけで問題があるんじゃないかと決めつけられて、子供に可哀想な思いをさせたことが一番辛かったな〜。

（回想終了）

シングルマザーという先入観だけでそう思わせてしまう時代でしたから仕方がないことですが、それだったら『ろくでなしの男』でも旦那がいれば世間並みでしょうか？『浮気症』でも『ギャンブル依存症』でも『悪どい商売をしてお金を稼いでいる人』でも『プータロー』でも、旦那がいれば、それでいいのでしょうか？

私も本気で再婚しようかと思ったこともありましたが、結果、再婚せずに山場は通り越しました。そんな時代だったから、困ったことといえばやっぱり人の偏見でした。自分が傷つくのはいいのですが、子供が傷つけられるのが一番辛いことでした。

●事実婚

最近の日本では共働きの家庭も増え、離婚率も急増し、女性が子供を持ちながら働くことに抵抗感もなくなりつつある時代になっているので、結婚してなければ困ることというのは、そう考えるとほとんどないと思います。フィギュアスケートで活躍されていた安藤美姫さんのようなケースは、日本社会の結婚という価値観を変えていくのかもしれません。

西洋の女性たちは結婚したら、1日にこなす業務が増えただけのことで、それは女性だけではなく夫婦共に増え、それをお互いで効率よくこなすこと、『ただそれだけ』です。だから何も変わらないし、個人が失われることはないのです。

しかし『ただそれだけ』で、『大きな幸せが手に入る』ことを多くの女性たちが知っているのです。

例えばフランスやスウェーデンでは、子供ができてもパックスやサポムといった事実婚を続ける人が多く、結婚率が低いのです。子供をお互い一緒に育てて、パートナーとして一緒に生活をしている。『ただそれだけ』なのです。女性に大きな変化が伴う日本とは全く価値観が違うのです。サポムを続けて20年後にようやくプロポーズされるということもあるそうです。

●日本の結婚観も大きく変わる時代が来るでしょう

『個人』が失われて変化と責任が大きく伴う日本の結婚観は、若い人たちにとって自分に合った生き方を選択する上で大きな課題となっています。

結婚しても、子供が生まれても、独身時代の時のように、いつまでも変わらずに輝ける姿であり続けられる。日本がそんな社会に変わる時期も、もうそこまで来ているのかもしれません。

そんな時代になったら、結婚しているとか、ステータスだとか、勝ち組だとか、負け組だとか、そんなことを全く気にせず、それぞれの生き方を選択し、女性は自分に合った輝き方で生きているのでしょう。と、そんな時代を期待しています。

私はいつも男女関係なく、「再婚しないの？」「彼氏いないの？」「将来寂しくないの？」と質問されるのですが、私にとって大切なことは、結婚という形式ではなくてパートナーがいるかいないかということです。大切に想い合える人がいるかいないかです。心の拠り所になるような人がいれば嬉しいのであって、結婚がどうしてもしたいとは思っていないのです。

私がここで結婚観に触れたのは、社会で女性リーダーとして活躍する人たちにとってこのことが生き方を大きく左右するものだからです。固定概念的な結婚観から時代も変化してきています。そんな時代に生きる貴女の結婚観を考えるきっかけになればと思います。

女性がキャリアを磨く理由は誰のためでしょう?

●実は男も女も腑に落ちていない女性の社会進出

女性が活躍する本質とは何でしょうか?

なぜ今、女性が社会で活躍しなければならないの? と、ニュースやインターネットの情報を見て、不思議に思っている人は多いのではないでしょうか? 実は女性も男性も腑に落ちていないのです。

「女性が活躍することは、社会にとって必要なことなのです」など、女性が外で働くことが社会全体の活力になると言われてもピンとくる人なんていないでしょう。

20代後半くらいまでの女性は、おおよその価値観は母親の影響を受けていることが大きいのです。人生の中で誰に出逢って、どんなことを経験してきたかによって価値観が積み上げられますが、それまでは、やはり母親の影響か、もしくは学生時代の友達の影響が大きいでしょう。

そんな環境の中で、女性が社会で活躍する本質って何だろうな? と、話し合ったことなんてあるでしょうか?

●職場の悩みの種？

若い女性を雇用している立場の私から見て、『社会全体のための活力になる』という考え方を伝える前に、働くことがどういうことなのか？　なぜ女性も男性と同じように仕事をするのか？　をしっかり考える機会が必要だと思っています。

女性が就職活動をする中で、産休制度や育児休暇制度が募集要項の中にしっかり記載されている会社かどうかを重要視する時代になりました。面接の時にも、本当に育児休暇をとっても職場復帰して働けるのか？　と質問をする女性もいます。こうして女性の社会進出に対する意欲が進む一方で、こうした若い女性の中には、それが女性の権利だと考えている人たちも多いようです。

弊社でも新人研修のグループディスカッションの中で将来の夢を語ってもらったことがありました。その時に1人の女性が、「入社2年目に結婚、3年目に出産、5年目に2人目の出産、7年後、3人目の出産、9年目に4人を産み、そして11年目に職場復帰」、現在付き合っている彼と、そういうライフプランを立てている、と、みんなに話していました。するとグループのメンバーも彼女の話に刺激を受けて、結婚と子育てと育児の話に夢中になって話が盛り上がっていました。

その光景から想像するに、彼女たちは子育て期間に優遇される環境を企業が用意しているのが当然のように思っていたのでしょう。これはＳＮＳやマスコミの影響などで、女性の権利だと思わされているのかもしれません。

しかし、男性上司からすると、〝そんな女性をどう扱っていいかわからない〟と思う気持ちも納得できます。こういう若い女性を受け入れて働くこととはどういうことなのか？という根本的な教育からやり直さなければならないのです。

これではまさに『職場の悩みの種』となるでしょう。

●勤めている会社へ感謝する

私は、自分の娘に伝えてきたことがあります。娘が高校生の時に、人並みにアルバイトに行きたいと言った時の言葉です。その時に私が言った言葉が、今の彼女の働き方に対する価値観になっています。

私は娘に、「アルバイトには行く必要がない。何のためにアルバイトがしたいの？　お金のため？　遊ぶお金が欲しいから？　だったら私がお小遣いをあげるからそれを使いなさい」と言いました。こう聞くと、なんてお嬢様育ちなんだと思うかもしれませんが、続きがあります。娘は絶対にアルバイトに行きたいと言うのです。友達と飲食店の面接に行く約束をしたと言って聞かないのです。

私「だったら、働き方をちゃんと理解しなさい。私がなぜダメだと言うかわかる？　学生時代にお金を稼ぐことを下手に覚えると、将来あなたが働く上で、マイナスのマインドに繋がる可能性があるからなの」

娘「……どうして？」

私「例えば、1時間働いたら650円がもらえる。2時間働いたら1300円、3時間、4時間、そうやって掛け算してお金の計算をしだすと、働かせていただいていることに感謝できなくなる人になるのよ」

娘「……そんなことない。ちゃんと働く！」

私「今はそう思っていても、人はついつい楽を覚えると、ズルズルと楽な方へばかり行きたくなるの」

娘「……ちゃんとする！」

私「あのね、働かせてもらっていることを感謝できない人は、アルバイト先の先輩にも生意気なこと言ったり、企業に対しても愚痴を言ったりするんだよ」

娘「……」

私「そして少しでも楽してお金が欲しいと思うようになったら、仕事をする態度が横柄になって、就業時間にギリギリに行ったり、言われたことしか働こうとしなかったり、時間が来たら自分の仕事を人に預けて平気で帰ってしまうようになるの」

娘「……」

私「あなたが、学生の間に楽して簡単にお金を稼ぐ方法を覚えてしまったら、将来あなたが就職させていただいた時にも、同じことをする人になってしまう。だからそんな人になってほしくないからダメと言っているのよ」

娘「……じゃ、ちゃんと一生懸命働くことを約束したら、アルバイトに行っていい？」

私「それは、あなた次第よ」

娘「……絶対にちゃんと働くから。お金を大切に使うから」

私「じゃ、様子を見るけど、あなたの働きぶりが横柄だったら、アルバイトはすぐに禁止するからね」

娘「……うん。絶対にちゃんと働く！」

というようなお話をして高校生の娘に教えたのです。
『勤めている会社へ感謝しなさい』ということなのです。

●自己実現のために辞めます

昨今転職を繰り返す若者が多くなり、条件が合わない、自分の思うような場所じゃないと感じたら、すぐに「自己実現のために辞めます」と言って辞める人がとても多いのですが、『自己実現』という言葉の意味を勘違いしているように思えます。

アルバイト先をコロコロ替えるように転職を繰り返して、「前の職場よりは、まだマシだ」「こっちの方が一緒に働く人が優しいから」「休みの融通が利くから」などと自分の都合ばかり言って働いていると、『やりがい』『働くことの喜び』『お客様の笑顔が嬉しい』そんな充実感を見つけることができないでしょう。そんな自分都合を言っている働き方の自己実現とはいったい何なのかと思えてくるのです。

●融通の利くパートの仕事を続けたい

これからの日本の社会は人口減少と、高齢化社会、団塊世代のリタイアで生産人口がドンドン減少していき、経済縮小の一途をたどっていくと言われています。

そうなれば否が応でも女性が社会進出を余儀なくされることとなるでしょう。若い男性たちの中でも、将来不安を感じているため貯金を少しでも増やしたいという思いから共働きを希望している人が急増しているのです。

がっつり正社員で共働きするというよりも、パートで月に5万円程度の貯金のための稼ぎが欲しいと思っているという人、家計の足しにするというより、将来の不安を解消するために少しでも貯金がしたいという人が多いのです。

そのために正社員ではなく、時間に融通が利くパートの仕事を続けてほしいと思っている男性が多くなっているようです。

さて、では女性の立場からしたらどうなのでしょうか?

女性にとっては、子供を産むまでは思いっきり働いて貯金をして、産んだ後は育児に専念したいと思っている人も多いようです。そして子供が小学校へ入る頃にまたパートに出かけようと思っている人が大半でしょう。

確かに女性の就労率は上がっているのですが、その多くは非正規労働というのが実情なのです。

●働く女性のロールモデル

さて、そんな中で『女性がキャリアを磨き、女性リーダーを目指す』となると、今の社会ではズレが生じてくるように思えてきます。何のために女性リーダーになるのか？ 周囲を見て見習いたい素敵な女性がいたなら、なんとなくその女性を『道しるべ』にしながら歩むこともできますが、まだまだロールモデルになる女性が周りに存在しないのが実態です。

テレビやメディアに出てくるパリッとしたキャリア官僚や大手企業のデキる女性では、距離がありすぎてイメージがしづらく、まるで世界が違って見えると思います。ですが、明確な女性のロールモデルが腑に落ちないと、何を頑張ればいいかがわからなくなり、わからないから考えないままになってしまうのでしょう。

働く女性のロールモデルって何なのか？ と、考えた時に、そこには先にお話ししたような結婚観が大きく左右することもあるので、今の時代には一概にこうであるなどといった世間一般の多くの女性にぴったり合ったロールモデルはまだ存在していないのが現実で、模索している時代なのだと思いました。

●自分の未来予想図を描く

では、ロールモデルもいない中で、なぜ私が『女性がキャリアを磨き、女性リーダーを目指す』ことをお勧めしているかというと、結婚して子供を産み育てる前に、社会の中で自分の価値観を身につけてほしいからです。

親や友達から受けた影響だけでなく、仕事や社会、多くの人との関わりの中で自分の生きてきた人生の中で、しっかりと身につけてほしいと思うのです。

その中で、女性が『社会で活躍する本質』を自分なりに見つけ、自分に合った『結婚観』や『生き方』を見つけることが大事なんだと思うからです。

誰かの決めたレールに乗っていればうまくいくといった時代はもう終わったのです。そんな過去に生きるのではなく、現代女性は自分でしっかりと道を見定めて、選んで生きる強さを身に着けてほしいのです。そのためにも、多くの経験を積ませていただける場所が、社会なのだと思っています。仕事もその中の一つです。そこでリーダーとして活躍した経験は、必ず貴女の未来の宝になるでしょう。

子育てから手が離れ、自分の時間が持てるようになった頃に働きたいと思ったり、起業したいと夢を見た時に、自分にたくさんの武器を身につけておけば、自分の未来予想図がより楽しいものになるはずです。

だからこそ、自由にできる今の環境を自分の将来の糧になるように精一杯に頑張るのです。仕事においても社会においても活躍する女性リーダーを目指して頑張ってほしいと願うのです。その中で自分の成長に繋げてください。

本を読んで知識を身につけることも大事ですが、経験を積むことの中で気づきを得る成長は人の器を大きく変えてくれるでしょう。

貴女の中で価値観を磨き上げ、社会で活躍する本質を見つけてください。

キラキラ輝きながらキャリアを磨く

●女性が社会の中で活躍する時代

日本の女性の社会進出は世界各国に比べて非常に遅れていると言われていますが、それだけ日本は豊かな国だったのです。

しかし、平成不況から長らく経済は縮小の一途をたどり、それに伴って女性の就労が増え始めているのですが、実態は非常勤雇用や契約社員、パートタイムなど不安定な職につく人の割り合いが高く、働き方に自由を求めている傾向が高いのです。女性が社会進出する時代と言われていますが、まだまだ本当の意味での社会進出とは言い難く、経済的な将来不安を解消するための手段と考えて就労する人が多いようです。

私はもっともっと女性が社会の中で活躍することを願っており、仕事や社会活動などを通して、多くの人と関わり、その中で自分の価値観を身につけて、主体性を持って生きてほしいのです。そして、社会構造を男性に任せっぱなしではなくて、女性の価値観を融合させていけるような、女性も社会主体の一員となって、輝き生きる時代に進化することが、これからの日本の未来に明るさを取り戻すのだと考えています。

●パラレルキャリア

終身雇用が崩壊した日本では、今まで当たり前だとされてきたことが突然に失われるという不安を感じ始め、生きがいや働き方について『本当の幸福』を求める価値観が生まれ始めています。

パラレルとは並行を意味し、二つのストーリーが生活や仕事において展開され、本業に合わせて、もう一つの人生のカードを持つことに、生きがいを見出そうとしているのです。

例えば、主婦がブロガーとして活躍したり、農業を始めたり、会社員をしながら非営利団体でボランティア活動を行ったり、ライターとして執筆活動をするなど積極的に社会活動する人が増えてきているのです。そうした活動は、本業以外で多くの人に出逢うきっかけとなり、経験値が圧倒的に増えて、自分の新たな価値観を生みだすことに繋がります。そして自分に合ったライフワークを見つけることもできてくるのです。

本業以外にパラレルキャリアに取り組むと、かなり忙しくなるのではないか？　お金がかかるのでは？　と不安になる人も多いと思いますが、時間の使い方が上手になる上に、ダラダラとしている暮らしよりも生きがいを感じて、今までにない充実感を得られると言えるでしょう。

またお金の心配をされている人もいますが、習い事に行くことを考えると、そこでの経験は、習い事をするよりも圧倒的に人生に活かされる体験や気づきを得ることになり、やる気次第では大きな成長に繋がることでしょう。

●多くのメンターやスポンサーとの出逢い

自分自身の成長を考えた時期、私は青年会議所という非営利団体に所属しました。こちらでは多くのことを学び、そして、たくさんの人と出逢うことによって、私の人生を大きく豊かに変えてもらいました。詳しくはここではお話ししませんが、ぜひ女性でキャリアを目指す人には、1枚目の本業の名刺とは別にこうした団体の2枚目の名刺を持つなどして、社会の中で活動していただきたいのです。そうすることで、大きな気づきや価値観が芽生えると思います。

まだまだ女性のリーディングモデルが少ない中で、自分の行動範囲を広げることで、メンターや人生が変わるほどの大きな刺激を受ける人に出逢うことができるでしょう。

●人の成長ってどんな時に加速するのでしょうか？

私自身も自己成長のためにいろいろ頑張ってやってきた中で、なかなか自分の思い通りにいかず、成長を感じることができない時と、一気に加速を感じる時がありました。

あれもこれも、いろいろ手を出しすぎて、余計なことをやりすぎて、〝結局これって何になるんだろう？　何やってんの、私？〟と、疲れを一気に感じる時もありましたし、また〝ああ、これ、これは本当に逃げずに挑戦して良かった。あの時にあきらめずにチャレンジして良かった〟と思う時もありました。

やはりそう考えると、〝ちょっと難しいかもしれない〟〝自分には無理かもしれない〟と思うようなことに挑戦した時の方が、結果として大きな成長に繋がっていることが多かったのです。少々無茶して失敗しても、私たち女性には『めげない』『しぶとい』『打たれ強い』といった強さが遺伝子レベルで必ず備わっていますし、男性よりもストレス耐性があるのです。

だからキラキラと輝きながらキャリアを磨く貴女には、背筋をピンと伸ばして自信を持って成長するタイミングを怖がらずに、ちょっと上のステージを狙ってチャレンジしてほしいと思うのです。

ステージが変わると成長の速度も一気に加速するのでしょう。ぜひ、そう思って今より少し上のステージへチャレンジしてみてください。


そしてもう一つ、大きく成長するタイミングがあります。

それが出逢いです。

人は誰かの影響を受けて成長しています。私の場合だったら、男女に関係なく、たくさんの素敵なメンターやスポンサーとの出逢いがあって、私を育ててくださいました。

私がここでいうメンターやスポンサーとは、精神的サポートや恩師であったり、指導者だったり、キャリア形成を導いてくださったり、今いるステージよりちょっと上の新たなステージを変える時のお手本になってくれる存在だったり、そういう人のことです。

特に圧倒的なオーラを持つ女性リーダーの存在は人生のお手本となり、憧れの存在になりました。その他にも、耳が痛いと感じるほど厳しくご指導をいただけたり、少しでも追いつきたいと息切れしながら背中を追い駆けたりすることもありました。メンターやスポンサーの指導に報いたいと必死でした。そんな出逢いと経験が自分を大きく成長させてくれたと思っています。

●輝きの連鎖

そんなメンターやスポンサーの存在が、『自分がやりたかった夢やあきらめていたこと』に挑戦してみようと、再び自分の中の可能性のスイッチを押してくれるのです。

そうやって、人は誰かの影響を受けながら成長していくのです。

少し勇気を持って行動範囲を広げるだけで、貴女にも素晴らしい出逢いがあり、その中で大きな成長を感じることができるでしょう。

そして気がつくと、社会でキラキラ輝く貴女の姿は、他の女性たちへ刺激を与える存在となるのです。誰かが貴女を見て、カッコイイ、眩しいと感じて成長を遂げていくでしょう。そしてまた、次の誰かが影響を受けていくのです。

この輝かしいキラキラ連鎖によって、多くの女性たちが社会で輝きながら活躍する姿となることでしょう。

貴女の行動範囲を少し広げましょう。そしてメンターやスポンサーの存在に出逢い、キラキラ輝く貴女の成長に繋げましょう。

そして次は、キラキラ輝く貴女がメンターやスポンサーになるのです。

将来独立を目指す貴女へ

●今の時代はチャンス

もし貴女が将来、独立しようと思った時に何かの参考になればと思います。大切な経営者のマインドのお話です。

女性が起業すること。今の時代はチャンスがとてもたくさん広がっていると思うのです。実際に『女性の起業家』が急増中で、特にエステやネイルや飲食や教育関連事業などのサービス業が起業しやすく人気があるそうです。

戦後の日本では男は外で仕事をし、女は家を守り家事と育児に専念するという固定概念がありました。私の母も子供は母親がべったりと家で育てるのが当たり前という考えでしたから、私がシングルマザーで就職したいと言った時にも、両親は反対しました。

しかし、現代女性には今こそチャンスなのです。社会の多様化したニーズに合ったアイデアを豊富に持っている感性豊かな女性たちにとって、潜在的なニーズに気づき、サービスを創出する力があると思うからです。女性にしか気づけないことで、ビジネスとして構築されていないことがまだまだ多くあるのです。

●働き方の多様化

『花のＯＬ』『腰掛けＯＬ』と呼ばれた女性社員の働き方は、結婚すれば寿退社をするのが当たり前で、三十路間近になるとお局扱い、オールドミスなどと呼ばれ、早く結婚しなければと焦り、『結婚が女性の幸せのゴール』という価値観が少し前までは当たり前だったのです。そんな時代からすると、ずいぶんと多様性が広がる社会の中で女性の働き方も大きく変化しました。

その一方で、まだまだ女性の働く環境は様々な課題が残されています。そんな今の時代だからこそ、〝もっと自由な働き方を求めている〟〝自分の能力を活かしたい〟〝やりたいことにチャレンジしたい〟と考える女性も増えてきました。

さらに小さな子供を持つ母親にとって自由な時間の使い方ができることはとても魅力となります。やはり仕事をしていても子供が第一優先なのです。企業に勤めると時間に拘束されて、子供の大事なメモリアルイベントを見逃してしまうこともあるのです。だから自由な働き方ができる起業に興味を感じている人がとても多くいるのだと思います。

そして起業するといえば昔はとてもハードルが高く、荒波に身を投げ入れるような覚悟が必要だったイメージでしたが、今では従業員を雇い入れずに自分一人で行うお一人様経営や自宅エステやフリーランスといった低リスクで簡単に起業する女性経営者が増えて、そんな輝く女性たちからも影響を受けて、ますます起業したいと願う女性が増えてくるのだと思われます。

このような傾向は同じ女性として私はとても嬉しく思っています。

●女性は小難しい経営計画書がなくても起業できる

これからもますます女性特有のアイデアがどんどん生まれて、社会が新しい時代に変わっていくことをとても期待しています。

そんな中で、女性経営者へ大切なお話があります。経営者のマインドです。

とにかく女性は、事業を始める時に経営計画書や経営理念、行動指針などを最初に作って計画をしっかり立ててから起業するということが、とても苦手だと思われます。

そんなことを考えずに『やりたいことをやる』という、男性から見ると突拍子もないように見えるような行動を取る人が多いようです。しかも、経営者が備えておいた方がいいと思われる考え方や原理原則を持たない人がほとんどです。そんなこと今まで考えたこともないというのが女性なのです。

むしろ、商店街などでショップに入って、〝あの店員さんは愛想が悪い〟〝あのお店は清潔感がない〟〝あそこのお店は品揃えが悪い〟〝あの店長は気が利かない〟など、今まで顧客目線で感じてきたことを、あえて小難しく考えなくても、『女性特有の感覚』みたいなものでやり遂げてしまえる資質が女性にはあるのです。

そうなのです。女性はとても細かく些細なことでもよく見ていますから、お客様目線でお仕事をするのがとても上手なのです。

だから、いちいち小難しい経営計画書や経営理念、行動指針なんてなくても起業できるのです。

●お金にシビアな女たち

女性には感性をフル回転させて起業もあっという間にできてしまう能力があります。

さらに、女性はお金にとてもシビアです。細かく計算することが得意で、きっちりとしている主婦の金銭感覚が備わっています。なので、男性のような無茶な投資や、博打のような商売のやり方は性に合わないと言えるのですが、お金にシビアな分、下手すると『気前が悪い』『ケチケチしている』『売りつけてくる』といった態度を取ってしまう人も女性には多いということです。

例えばカフェをオープンした当初はサラダがたっぷりとサラダボールに入っていたのが、季節の加減でお野菜のお値段が高くなるとサラダボールのサラダが見た目にわかるほど少量になっていたり。

大学を卒業して以来もう10年近く会うこともなかった友人が自宅エステを開業することになって、急に何度も何度も電話が掛かってきて、セットで10万円もする化粧品を売りつけてくるなんてこと、ないでしょうか？

そんな身勝手なオーナーの態度を見て、そのお店にもう2度と行きたくないと思うのがお客様です。自分に合ってない化粧品などを売りつけられると2度と買いたくないと思うのも当たり前です。

●経営者を目指す貴女が、やらない方が良いこと

女性の感覚を活かしてお客様目線でいろいろと店を切り盛りしてきたのに、あともう一歩というところでお客様が離れて行ってしまったら、あっという間に経営に行き詰まってしまいます。

やはり起業する時には女性の感性を活かしつつも、そこに合わせてしっかりと経営者としての資質や考え方を学んで経営理念に取り入れていくことも長く経営を続けていく上で大切なことなのです。

そこで、普通はここでやった方が良いことを伝えるのですが、女性経営者を目指す人はそもそもアンテナが高いので、ここでは逆に次の二つの『やらない方が良い』女性の感性をお伝えしたいと思います。

1 ソロバン勘定が得意で量や数値を基準に損得勘定を優先する

2 最短距離を行きたがる合理的主義

私がやらない方がいいと思うことはこの二つです。

まず一つ目は、女性はお金にシビアだと申しましたが、気を抜くと損得勘定でものを考えてしまう生き物だと思ってください。

そして二つ目は、自分に得になりそうなところには尻尾を振って近づく生き物なのです。要するにこの二つは女性の感性が鋭ければ鋭いほど気をつけてほしいのです。特にアンテナが高く、得になりそうな情報や人物に対して女性は敏感に反応します。悪いことではないのです。むしろ敏感に情報をキャッチできる特性は良いことなのです。

しかし、こうした女性経営者にありがちな態度が、身勝手に見えてしまうこともあるので注意が必要です。利己主義な人にありがちな、余裕がない態度に見えてしまう恐れがあるのです。

「あのオーナーは口先がうまくて商売が上手」なんて言われている場合、そんなお店は実はあまり儲かっていないということです。お客様は正直です。利己主義な態度が少しでも見え隠れすれば、もうそこへは近寄りたくなくなります。

やはり、身勝手で利己主義に見える人とは誰もお付き合いしたくなくなるのです。ぜひ、二つの『やらない方が良い』女性の感性に十分注意をしていただきたいものです。

●警戒地区の群れに警鐘が鳴り響く

女性は些細なことにも敏感です。周りにはどんな友人や経営者の知り合いがいるかもとても重要になります。近くにいる存在は、その人の影響を受けやすくなるのです。

特に、売上数値や過去の取引実績をひけらかすような経営者や、取引実態をオーバーに言う人や、自分を大きく見せる癖があるような人には注意が必要です。自分を『価値ある人間』『デキる人間』と相手に見せつけたがるような人です。そういう人はまるで自分の顔に破格の値段を貼って歩いているのです。いわば謙虚さがない人です。こういう人に限ってとても口がうまいので、要注意人物として気をつけてください。そんな経営者が近くにいると、人は誰かの影響を無意識のうちに受けてしまう性質があるので、貴女の資質にも影響されてしまうのです。

中身の伴っていない口先だけで大きいことを言う人のことを信じて、羨ましいと思ったり、真似をしたり、浅ましい考え方に影響されてしまうと、経営者としての資質がますます低下して、お客様はどんどんと減ってしまうのです。

本当の商売人は、どんなに損がわかっていたとしても、一度受けた仕事は必ず相手の期待に応えるために絶対に手を抜かずに、最後の最後まで損をしないような工夫も凝らすといった商売人魂を持っているものです。

そして、相手のことを先に考えて行動した結果が、気がつくと自分に返ってきているような『水桶を先に差しだすと、桶の中の水の流れが貴女の元へ返ってくる』ような、そんな『与え愛』のある人情味溢れる商いをするのです。

損か得かと、自分にとってうまい儲け話にしか興味がないハイエナたちは1円たりとも損したくないと思っているエゴイストたちです。

そんな恐ろしいハイエナのエゴイストたちのことを、私は警戒地区にいる人たちと呼んでいて、そこには決して近寄りたくないのです。

相手が近寄ってくるなら警鐘が鳴り響くのです。そんなハイエナたちは警戒地区の群れの中でお互いに共食いをしながら弱肉強食の戦いをやっているのです。

さらに共食い合戦で負けたハイエナは、今度はハゲタカのように、私のような甘い人間を狙ってやってきます。ジロリと獲物を見るようにして近寄ってくるエゴイストたちがいることを忘れないでください。全く恐ろしい限りです。

●『与え愛』の群れを作る

そんな恐ろしいハイエナたちの群れから身を守ることも、経営者としての大事な役割です。『与え愛』に溢れる人たちは、利他を行動原則とした安心できる人たちです。こうした、安全地帯の群れを作ることが経営者として大事な仕事なのです。

そんな『与え愛』の群れの中で互いに切磋琢磨し成長を続けるのです。そしてさらに安全地帯の仲間を増やして群れを大きくしながら、ハゲタカの侵略から身を守っていくのです。

私は、経営者としての大事な役割の一つがこの群れを拡大していくことだと思っています。『GIVE & TAKE「与える人」こそ成功する時代』(アダム・グラント/著　楠木建/監訳)を読んだ時に私なりにずいぶん飛躍して受け取っていますが、そしてうまく伝えられていないと思うのですが本気でそんな風に感じたのです。

キラキラ輝く貴女と共に、『与え愛』の群れを作りたいです。

COLUMN 3

貴女はなぜそっちへ行ったの？

そっちの世界は、辛いだけだと思うんだ

きっと上には上がいて、どんなに巧妙な罠を仕掛けても

いつか、きっと貴女もやられる

やったら、やり返される

そんな世界になぜ？

私はこっちの群れで良かったよ

貴女にもこっちに来てほしい

でも貴女はそっちの方が合ってるのかな……

貴女のその世界は幸せですか？

５年後、１０年後、もっとその先にも

貴女にキラキラと輝くような幸せは来るのでしょうか？

貴女に幸せでいてほしい……

CHAPTER / 4

女坂を駆け上がれ！

HOW TO BE SUCCESSFUL
IN A FEMININE WAY

女坂を登る道は様々です。

女性の抱く将来像は、結婚を優先するか仕事を優先するかで、大きな違いがあると思われていました。

しかし女性の将来像は、『結婚か仕事か?』の2択ではなく、『20年先、30年先の人生をどんな風に過ごしたいか?』によって大きな違いになってくるのではないでしょうか。

これまで第三の人生といえば、『子供が成長し、夫が定年して、その後の人生を夫婦でゆったりと過ごす』といった老後をイメージしていた人が多かったのでしょう。しかし、今では40代以降の女性がとても洗練されていて、そこから起業して花を開かせるといった、華々しい第三の人生を歩む女性が多く現れだしました。

そんな新しい時代を生きる貴女にとっては、20年、30年後の第三の人生を『老後のことは夫に任せて、一緒にゆっくり過ごす』といった風では物足りないと思うかもしれません。自分のやりたかったことは何なのか？　と、ある日突然焦りを感じるようになるかもしれないのです。

夫を頼り、老後は安泰と信じて疑わずに生きていくことが、非現実的な時代となりました。この時代を生きる女性には、そうした長期的に先を見据えて考えることも、重要なことだと思っています。

貴女が20年、30年と時を経た時に、後悔が残る人生にならないためにも、貴女自身が目と心を開き、研ぎすませば見えてくることもたくさんあるのです。

女坂を登る道は様々ですが、登るのは貴女自身なのです。『男性社会で生き抜く』ことや『結婚観』や『女を磨く』といった女坂も自らの価値観を鍛えて自分らしく歩んでほしいと願っています。

また、今の仕事の中で周囲から女性リーダーとして活躍が求められている貴女には、女を謳歌しながらキラキラ輝く発展的な女性リーダー像を新時代に創り上げてほしいと願っています。そしてキラキラ輝く貴女がロールモデルになってほしいのです。

女性リーダーが輝く時代

●停滞する組織に風穴を開ける女性たち

『頑張れば報われる』と、ビジネスマンたちが信じていた豊かな日本は今はもうありません。公務員は負け組だと思われていた豊かだった時代でした。上司に言われたことを必死でやればなんとかなり、組織に管理され、トップダウンに絶対服従しておけば年功序列で老後は安泰と誰もが思っていたことでしょう。

あの頃からすれば、今は頑張っても『簡単には報われない』時代と言われ、〝コツコツ真面目な人ほど馬鹿を見る〟〝要領よく少々ずる賢く生きた方が得なのだ〟と悲観的に考える人も増えてしまったのです。

こんな風に、すでに時代は変わりすぎたのに、変われない人たちがいます。『上司の命令に絶対服従する人たち』『必要性のない無駄なことを一生懸命やる人たち』、さらに『本質を理解しようとせず無駄だとわかっていても組織の中で頑張る人たち』。このように組織にどっぷり浸かりきってしまった人たちは簡単に変わることができないのです。

こうして上司の言うことだけに従う集団は、もっともらしいことをしようとする建前や体裁だけの組織となり、時代の波に押し流されそうになっても、いつまでもそこにしがみつこうとして、報われないことを頑張っているのです。

こういう組織にしがみついている人たちが最も苦手とすることが『前例にない』や『前代未聞』ということです。創造性溢れる若者の意見を『前例にない』『前代未聞』と言って、突っぱねるのが得意です。

そうして組織は停滞し続け、気がつけば退化していくのです。いつまでも変われず、今まさに時代の波に飲み込まれそうになっています。

何か新たな一手を打ちたいと考えれば考えるほど、空回りし続けているのです。

まさにそこへ一石を投じ、波紋を広げるように現れたのが女性たちの存在です。女性はリアル店舗だけでなく、パソコン、スマホなどあらゆるデバイスを駆使してお買い物をする発想力や、言葉をしゃべれない赤ちゃんの言葉を感じる想像力など、イメージや感性をフルに働かせるのが得意です。論理を求める男性とは違って、好奇心旺盛で新しいことをすることに楽しみを感じる生き物です。

そうです。今まさに救世主と言える存在が女性なのです。そして、こうした時代の変化によって、組織が求めるリーダー像もシフトチェンジしてきているのです。

●女性は新風となるのか？

男性社会の中で違和感を覚えたことに、容赦なく突っ込める女性の特性は、本質を見極め、無駄なことに力を注がず、上司の命令を押し返してしまえるのです。感情的だと言って男性たちは女性を軽んじる人たちも多いでしょうが、口答えや、議論をすることをNGと思っていない女性の鋭さは、停滞した組織にメスを入れる存在と言えるのです。

建前と体裁を重んじる従来の組織に、こうした女性の直感的な意見や議論が風穴を開ける突破口になるのです。

子育てをしている女性なら、わかると思いますが、兄弟だって十人十色の性格を表すのです。一人一人の本質や個性を伸ばし、成長を見守る寛容さや、見極めの鋭さが女性にはあるのです。

女性がチームリーダーになって指示を出す場合にも、男性とは方法が変わります。絶対服従の命令より、それぞれに合った適材適所の依頼をすることが多いでしょう。そして命令系統でチームを動かすのではなく、協力を得るなど、お願いや依頼に変わるのです。

かつての日本のリーダー像は規律を乱すものに叱責、減給、解雇、左遷、などの不利な処分を下す独裁的リーダーの存在が圧倒的でした。与えられた状況の中で目的達成をするために、ルールやマニュアルに基づき強制的な方法で組織の活動に影響を与えてきたのですが、情報化社会の変化によって、情報量や通信速度、多様化したニーズに『一挙一動の指示を待つ人たち』では柔軟な対応ができず、顧客離れの原因に繋がり、ジリ貧をたどってしまうことになるのです。

女性リーダーにはこうした悪循環なチームにまるで魔法をかけるように『みんなが自然に動くチーム』へ、いとも簡単に変えてしまえる力があるのです。『一挙一動の指示を待つ人たち』の機能不全に陥ったチームが『自主的対応ができるチーム』に生まれ変わるのです。

●結局は、男は母性を求めている

そうした新風を巻き起こす女性たちの存在を受け止められるかは、結局は社内の風土も大きく関係してくることでしょう。

女性の管理職が多い企業ほど伸びると言われていますが、男性たちの中では、こうした女性たちに対して、『面倒くさい』『性格が悪い』『ヒステリックだ』と軽んじて、社会で活躍しようとする女性の足を引っ張ろうとすることもしばしばあるのです。

男性の嫉妬や典型的な男同士の仲間意識などもあります。能力の高い女性を排除したがる人たちも多く、課題はまだまだ残っています。

しかし、そうした理由で心がくじけてあきらめてしまいそうになった時には、一度、落ち着いてから、結局は男性たちは有能な女性ではなく、母性を感じる女性と仕事をしたがるのだということを思いだしてください。

これは男性に媚びを売れということではありません。反発するのではなく、戦うのでもなく、自分の生き方を大切にしてほしいのです。相手の感情や行動に流されて、負の感情を生むのではなく、自分の原点を大切にするのです。

女性は相手を受け入れて包み込み融合できる力があります。そして、余計なことを受け流す力もあります。本当に自分のやりたいことのために、この力を限りなく使うことが女性特有の能力を活かすことになるでしょう。

●人たらし

私が30代に学んだパラレルキャリアの経験にこんなことがありました。

男性が圧倒的に多い中でチームリーダーを務めた私の異名が『人たらし』と呼ばれていたのでした。そう言われる理由は、私が何もしないで結果がうまくいくからです。

それが女性特有のリーダーシップだったと、当時はまだ理解されにくかったのでしょうが、私のリーダーシップの方法は、リーダーとして何かを率先してやるのではなく、チームのメンバーに全部お願いしてやってもらうという方法でした。とにかく私は何もしないのです。ビジョンも多く語りません。

こんな話をすると大抵の人は怪訝そうな顔をしてこう聞いてこられます。

「チームを率いるリーダーが目標を明確にしないのですか？」

「チームに目標のイメージを伝えることが大事だと思うのですが？」

しかし、私の場合はチームの目標はみんなで考えて作るようにしているので、あえて自分がビジョンを多く語らないのです。

〝そんな方法で本当に目標やイメージの共有ができるのか？〟と、理解されにくいのですが、しかし、実は私も本当はやっていることがあるのです。

やっているのですが、男性とはやり方が違うのです。

それは『一挙一動の指示を待つ人たち』の機能不全に陥ったチームが『自主的対応ができるチーム』に生まれ変わる女性特有のリーダーシップの方法です。

ではその方法をご紹介したいと思います。

私がリーダーとしてやったことはチームの雰囲気を良くすることでした。そのためにしたのは次の3つだけです。


【魔法の言葉の使い方】

【それぞれの特性を生かした巻き込み式のチーム作り】

【コミュニケーションを大切にしながらチームの成長を見守る】


この3つを徹底してやるように心がけて、チームの雰囲気を良くしていくことを重要視するのです。

【魔法の言葉の使い方】


困った時や迷いそうな時にこそ安心感を伝える。

「なんてことはないよ」「たいしたことじゃないよ」と言って笑ってあげる。

「大丈夫、大丈夫」と言ってあげる。


仕事の依頼をする時はお願いをするようにする。

「これやってほしいのですが、お願いできますか？」

「あなたにしかできないと思うのですが、引き受けてくれませんか？」


もし万が一、うまくいかなかった時は一緒に考える。

「失敗しても、それ以上に得られたことは何だったかな」


言葉は魔法です。

普段からどんな言葉を使っているかでチームの雰囲気が変わってくると思います。

【それぞれの特性を生かした巻き込み式のチーム作り】

・人望が厚い人
・面倒見がいい人
・コミュニケーション能力（渉外能力）の高い人
・実務派、スキルの高い人
・アイディアの良い人
・コツコツ文句なしにやってくれる人

こうした特性を知ってチーム作りをしていくのです。さらに業務以外の得意分野もしっかり押さえておきます。

・カラオケのうまい人
・お酒に強く、お酒に飲まれない人
・お店のセレクトがうまい人
・盛り上げ上手な人
・目配り気配りが上手な人

・車の運転をいつもしてくれる人
・ゴルフがうまい人

こうした個人の特性を女性は見つけるのが得意です。女性リーダーになった時、まずは相手の話をよく聞いて、相手の得意分野を見つけるのです。

日頃からチームの食事会や飲み会を提案して、相手のことに興味を持ち、いろいろお話を聞くようにします。仕事以外の場面では、普段見せないその人の特性を知ることができる確率が高くなるでしょう。そうすることで、チームの一人ひとりが気持ちよく働いてくれるようになるのです。

【コミュニケーションを大切にしながらチームの成長を見守る】

・それぞれの役割に適しているかどうか、そしてスポットライトが当たっているか、充足感があるか、しっかりと話を聞く
・チームから疑問を投げかけられることを喜ぶ
・チームから叱ってくれる人がいたらその人に頼る

・上司や上役とチームの板挟みになるのが自分の役割で当然だと思っている
・牧羊犬の役割を徹底する

この3つを徹底して、良い雰囲気作り、チームの意見を具体的にまとめて進化させ、チームが一丸となって成功に歩んでいくという方法をとるのです。これが私のリーダーシップなのでした。

リーダーが目標やイメージを作り上げてしまうと、それぞれの個性や役割が活用されなくなる恐れがあるのです。とにかくチームで作り上げていくことを心がけています。そのためにも個々の特性を知ることや、意見がどんどんと出てくるような雰囲気作りを徹底します。

意見がどんどん出るチームは、みんなで目標やイメージを作り上げていくことができるようになりますし、そうした雰囲気がチームの力になります。そして、お互いが意見を聞き合う姿勢は、柔軟に方向性を変えることができ、最初にイメージしたものとはガラッと変わっていることもあるのですが、結果的に想像以上の結果を手にすることができるのです。

それがチーム一人ひとりの自信に繋がり、喜びになり、ますますチーム力が良くなるのです。

私のリーダーシップの発揮の方法はこうした雰囲気作りに徹することです。雰囲気のいいチームは意見がどんどん溢れ、手法や方法は何通りも出てくるのです。

もちろん、チームの中には私のリーダーシップがなってないと怒ってこられる方もいらっしゃいます。

『リーダーなのに何も考えていない』『リーダーなのに上意下達しない』『リーダーなのに人に任せきり』と怒られる理由のトップ3がこのようなものですが、とにかくその場合は謝ります。

「ごめんなさい。あなたの理想のリーダーではないかもしれないのですが、力を貸してください」と何度も素直に謝るのです。ただ、ここで怒ってくれる人は、その後とても大きな力になってくれるようになります。

これが『人たらし』と異名をつけられた私の『何もしないリーダーシップ』です。

●振り子論理で器を大きく育てる

さて、『人たらし』と言われた私のリーダーシップをお話ししましたが、この方法が全てのリーダーシップとは限りません。一遍通りではないということです。時と場合によって、違う方法をとることもあるのです。

例えば『どうしてもやりたいことがある場合』です。

静かに自分で考え続け、徹底して形になるまで黙々と何かをやり続けています。一人で結果が出るまで、黙々とやってみるのです。

今までは、雰囲気作りが大事と言いながら、今度は引きこもって静かに黙々とやるのです。先ほどとは真逆の方法です。そしてようやく8割の準備を整えて成功が目前に見えると、残りの2割の部分を一緒に共有してもらえるようにお願いをしていくのです。この場合も実は、チームの雰囲気を重視しています。

チーム全体で最後の2割を共有して、一緒に達成感を味わってもらうのです。そうして継続部分をチームにバトンタッチしていきます。

リーダーシップの方法は一遍通りではないということなのです。

私がリーダーとして特に気をつけていることは、相手の意見を聞かず、後ろ向きな態度をとらないようにすることです。そして自分はリーダーだからと、自信の低さを指摘されないように強がったり、過小評価を恐れたりせず、妙なプライドやおごりはチームの成長に繋がらないと自分にいつも心で注意をするようにしています。

そんな私でもノーを言う時もあります。その理由は必ず次の二つが揃っている時です。

①自分の感情が先走っていない時
②チームの成長や成果に繋がらないと思えた時

ノーと言う場合の大事なことは、意見の違いを主張して相手に逆らうのではなく、自らの考えを知ってもらうことです。

また、もっと上の組織の上層部から、チームが納得できない決断がくだされて板挟みになったとしても、一度組織で決まれば、やけにならず、上層部の意見に従い、チーム一人ひとりが一隅を照らす存在になって手を抜かずに頑張ってほしいという想いをみんなで共有します。

女性リーダーを目指す人たちには、男性の従来型のリーダーシップを真似せずとも、このような女性特有のリーダーシップの発揮方法もあるということを知っておくと、貴女らしいリーダーシップが発揮できることでしょう。

もちろん女性でも経験値と能力が非常に高く、トップダウンでチームをぐいぐい引っ張っていく圧倒的なタイプの人もいますので、振り子の論理のようにどちらのタイプもできてしまう幅の広いリーダーほど器の大きなリーダーと言えるでしょう。

女性リーダーとして経験できるチャンスがあれば、自分には無理かもしれないと思わずに、ぜひチャレンジしてほしいと思います。

こうした経験をさせてもらえる人生は、必ずキラキラと輝き、生きがいや喜び、そして、幸せに繋がることでしょう。

良い子ちゃんはやめて、上司を育てる女になれ

●元始、女性は太陽であった

2020年以降、またも不動産不況は避けられず、予測したくない深刻な状況がやってくるのではないでしょうか？

ある日突然、自分が働いていた会社が外資系企業になってしまって、その日を境にワークスタイルが大いに異なってしまうことが十分可能性としてあるのです。これまでは日本人が中心の職場で上司ももちろん日本人だったのに、上司がインド人や中国人になることも十分あります。能力主義で、業績が上がらないと降格させられ、自主退職を勧められるなど予期せぬ事態に追い込まれることも想定されるのです。

そうなれば、鬱などの精神被害を受け、自殺者が増えることも。何がこの先起きるかわからないのです。

そうした混沌とした時代の中で、矛盾や違和感を覚えることに、容赦なく突っ込める存在が女性ではないでしょうか？

さらに、女性には受容と共感する力があります。どんな相手でも一度は受け入れて、上

手に相手とやっていくことができるのです。

しかも柔軟性があり、いち早く環境の変化に順応する力があるのです。

かつて「元始、女性は太陽であった」と言った女性作家がいました。日本神話の最高神である天照大御神が女性であったことを言っています。女性は太陽のように輝き、命を生み育てる存在なのでしょう。

●女性特有の価値を活かす最大の場面

組織で活躍する女性たちの中で、今一度よく考えてほしいことがあります。それは、私たち女性には、建前と体裁を重んじる古い従来の組織にも、バシッと風穴を開けるパワーがあるということです。

女性リーダーとして踏みだす最初の第一歩は、中間職として上司と部下の間に立つサブリーダーに任命されることが多いのですが、その第一歩目のサブリーダーのことをお話しさせていただきます。

初めてサブリーダーとして任命されたら、ついつい、良い子ちゃんを目指して、上司のいいなりになりがちなのですが、結論から言うと、良い子ちゃんでは、貴女らしい本来の潜在能力は発揮できなくなるでしょう。

男性が求める、女の子らしく、良い子でいることは、花のOLと呼ばれたお飾り状態から何も変わらないのです。

それでは『2020年までに指導的な地位に占める女性の割合を30%にする』という男女共同参画基本計画のおこぼれで抜擢されているんだという、男性から軽んじられた目線は変えられないのです。

初めてサブリーダーに抜擢された貴女ができることは、良い子ちゃんを目指すことではなく、自分の仕事に追われてアップアップすることでもありません。チーム全体の雰囲気を感じ取ることから始めましょう。

まずは上司の特性を知り、フロアメンバーの個性を知ることももちろんのこと、さらに上司とフロアメンバーの関係性をしっかりと把握することです。フロアメンバーが上司に対して違和感や疑問に思うことを、しっかりと感じ取ることが大事です。

そしてフロアメンバーから相談を受けやすいような距離感を保つことです。普段から一人ひとりと十分なコミュニケーションを取るようにしておきたいところです。

フロアメンバーは上司の人柄や個性を知らないので、ちょっとした対応や意見の違いを感じて不満に思うものです。

その不満を取り払うのは、〝私じゃなくて上司の務めでは？〟と思うのではなく、上司を育てるつもりで、貴女の女性特有の価値を活かす最大の場面だと思って取り組んでみましょう。

●良い子ちゃんでも、スーパーウーマンでもない路線の確立

私が思う女性特有の価値を活かすということは、男性に負けないように肩肘張って仕事をすることでもなく、家のことも全部自分で背負い込んで、育児も仕事も一人前以上にこなすスーパーウーマンを目指すというものでもありません。そんなことをしていたら普通は体も心も折れかねないのです。

良い子を目指すのでもなく、スーパーウーマンを目指すのでもなく、女性特有の価値観をフルに活用するリーダーシップを発揮することが大事だと思っています。

包容力や母性愛は、どんなデキないダメな上司でも、その上司の弱みを極力カバーする力があり、デキないダメな上司をハイパー上司に育てる能力があるのです。

そんな愛情深い優しい貴女のパワーは、チーム全体の活力となり、最高に雰囲気の良い

チームを作ることができるでしょう。

貴女独自の新しい路線を確保し、自分らしい女坂を登ってみてください。

●デキない上司の取扱説明書

まず押さえておきたいのは、上司の特性とタイプです。

タイプ別に弱みをカバーできるテクニックさえ知っておけば、あとは女性の潜在能力を活かすだけなのです。

では上司を育てるその極意をお話ししましょう。

以前私がサブリーダーを経験し、ステップを踏んでいく中で、次の4つのタイプの上司についたことがありました。

さてさて、貴女だったらどうしますか？　どうあるべきでしょうか？

【その1　雲隠れタイプ】決断を避けるタイプ

・責任を取りたくない
・よくわからない

・自分の判断に自信が持てない
こんなタイプの上司を持った時、さあ、貴女ならどうする?・?・

【その2　浮世離れタイプ】言っている意味がわからないタイプ
・説明が下手
・自分で全部やってしまう
こんなタイプの上司を持った時、さあ、貴女ならどうする?・?・

【その3　的外れタイプ】考えが古くて偏屈なタイプ
・自分の過去の成功事例をすぐに持ちだす
・新しいアイデアを取り入れられない
こんなタイプの上司を持った時、さあ、貴女ならどうする?・?・

【その4　常識はずれタイプ】広げた風呂敷をたためないタイプ
・スケジュールを守らない、約束を守らない

・強引に何でも進めてしまう
・周りを巻き込んで迷惑をかける
こんなタイプの上司を持った時、さあ、貴女ならどうする??

何度も言うように、上司だからといって、全ての上司が理想のタイプに当たるということはありません。上司にも何か癖のような弱点があるのです。

そして、このようなタイプの上司に当たる確率は高いのです。よくあること、普通だと思った方がいいでしょう。

むしろ貴女が上司になった時、貴女がどのタイプの上司だと周りから見られるのか？ そんなことも考えながら上司と付き合っていく余裕を持てるようになると、さらに貴女の成長に繋がることでしょう。

貴女だってきっと、デキない上司と言われる可能性が大なのです。もちろん私もデキない上司と言われてきましたので、気にすることは全くないのですが、自分の弱みを知っていることは、大事なことだということです。

もし貴女が上司の気持ちも考えないで、上司に対してストレスを感じているのなら、それは少し貴女の考えを変えればいいことです。


「上司ができないから、大変！」

「上司が頼りないから、イラっとする」

「上司が何言っているかわからないから、やる気にならない」

「上司が勝手だから、面白くない」

「上司が強引だから、疲れる」


そう思うことがあるのなら、貴女の気持ちをチェンジしてみてください。

上司だって人間です。上司1年生もいるし、上司になっても成長できない人もいるのです。不平不満を言う前に、サブリーダーの貴女がチーム全体のために何ができるか、貴女の出番なのです。

その時に、貴女が何をするか貴女の行動次第で、全てがプラスに変わるのです。

貴女は変われます。
チームワークも良くなります。
上司も貴女に感謝します。
みんなにとって良い上司になれます。
企画も大成功します。
仕事が楽しくなります。

さあ、ここまで大丈夫ですか？　気持ちの整理ができたのならサブリーダーが上司を育てる魔法のテクニックをお教えしたいと思います。
こんなサブリーダーがいたら会社や組織の未来はめちゃくちゃ明るくなる!!　全てその秘密をお教えします。

【その1　雲隠れタイプ】
このタイプはプライドが高い人が多いです。失敗を恐れるのです。なので判断を濁すことが多いのです。権威者の意見や参考図書など納得してくれるような判断材料を収集してから、判断を仰ぐようにすることです。貴女の根回し力が認められると貴女の目に見えない価値が上がるでしょう。

【その2　浮世離れタイプ】

このタイプは説明が下手で一人で背負い込む人ですから、上司がやりたいことを自分で仮説をしっかり立てて質問力を身につけること。そして先回りして、上司がやりたいことを想像しておくことが大事です。また、論理的に、上司の代わりにチームのメンバーに説明できると上司に信頼され、部下にも頼られ、チームワークが図れるようになり、貴女の信頼性がアップすることでしょう。

【その3　的外れタイプ】

このタイプは過去の栄光や成果に固執しがちで自分の考えを押し通す融通の利かないタイプですから、貴女ができることはチームを一丸にしてまとめ上げることです。そして、チームの全体の意見として上司へ判断を仰ぐことです。前代未聞なことが嫌いですから、事例を探す工夫が必要です。

【その4　常識はずれタイプ】

野心家で勢いが良くて強引なタイプです。スケジューリングが苦手で本能で生きていますから周囲は巻き込まれると大変な苦労が目に見えています。このタイプには貴女が、上司をしっかりと管理することです。時間のスケジュールや、誰と、どこで、どんな内容の打ち合わせをするのか取引先の相手を不安にさせないように、貴女がマネージャーとしての役割をすると成果がグンと上がり、貴女は対外的にも対内的にも評価される人になるでしょう。

このようにそれぞれの上司のタイプの特性を知り、弱みをフォローするようにしてあげてください。そして上司の仕事以外の特性や人柄をよくよく見ることを忘れないでください。良い部分や強み、人間性の部分で素晴らしいと思える部分が必ずあるのです。よく見れば見るほど、知れば知るほど、尊敬できるところが絶対にあります。

だから『自分よりいいところがある』と信じてみてください。上司の器だから、上司になったのです。上司になる覚悟を持って上司になったのです。

いいところを見つけだすと、とても面白い人柄や優しさや格好良さや趣味や考えが見えてくるはずです。

ちなみに余談ですが私は、『浮世離れ』『的外れ』『常識はずれ』の3つの複合タイプです。仲間たちは3つの取扱方法を活用しながら私の力になってくれているのです。この頼れる仲間がいることに心から感謝しています。

上司に不安を感じた時こそ貴女の成長の時となります。

一隅を照らす光となれ！

飲み会幹事がうまいと良いことだらけ

●幹事は喜んで引き受けること！

飲み会の幹事を断わったことや、女性には無理だと思ったりしたことはありませんか？引き受けたことはあるけど、適当にやったり、雑にこなしたりしていませんか？

飲み会の幹事は面倒くさいから、できれば受けたくない、そう思っていませんか？

お酒を飲まないから、こういう企画はお酒を飲む人たちがすれば良いの、などとそんな風に思ったことがあるなら、ちょっとそれは一度考えた方が良いでしょう。

確かに飲み会の幹事を引き受けると、次のような人たちもいて嫌な思いをすることもあると思います。お店のセレクトが悪いとブツブツ文句を言う人、参加すると言ってドタキャンして会計の時に幹事を困らせる人、参加人数が少なかったら「なんでこんなに少ないんだ！」と、幹事のせいだと言わんばかりに大きな声で言う人、さらには、余興がつまらない、値段が高い、料理がまずい、駅から遠い、場所がわかりにくい、案内を出すのが遅い……と言いたい放題言う人もいるのです。

〝こっちは仕事以外のボランティアでやっているのに、文句を言うなら自分がやりなさいよ〟と、心の中で叫びたくなるようなこともあるでしょう。

こんな人たちの言い分を聞いて、我慢をしなければならないから幹事は大変だし、面倒そうだからやりたくないと思うのもすごくわかります。

しかしながら、結論から言うと幹事はやった方がいいでしょう。

私はこの面倒な幹事こそ、若いうちは率先してでもやる方がいいと思っているのです。なぜならバッチリと飲み会幹事がこなせる人には良いことがいっぱいあるからです。

例えば、全体の流れを作る企画力は仕事にも生きてくると思います。コミュニケーション能力も高くなるでしょう。そして判断能力が身につきます。女性にとって、それだけでも十分に良い経験になると思います。

さらに、参加者から顔を覚えてもらえるきっかけになり、信頼を得たり、知的でスマートな印象を持たれたり、お店情報が得意になったり、幹事の経験は積めば積むほど自分の力になるのです。人を集めて、皆さんに喜んでもらえる工夫をすることによって、仕事の面でも集客方法や総合力といったスキルが身につくことになるでしょう。そうした大人数を心地好くさせる幹事の仕事は、仕事の成果に繋がるはずです。

反対に、飲み会や懇親会を遊びだと思って適当にやる人は、人の気持ちを推測できず仕事でも良い企画を作れない人が多いでしょう。

嫌々ながら引き受けて幹事の仕事を適当にやったり、雑にやったりすると、評価は予想以上に下がり、逆効果になる危険もあるので気をつけてください。

ではここで、参加する皆さんが喜んで大盛り上がりして大成功する、女性の視点を活かした幹事の押さえておくべきスキルをご紹介しましょう。そして、貴女のキャリアをますます磨く経験になるための秘訣をお伝えしましょう。

●お店選びが鍵を握る！

お店選びは幹事の仕事の中でとても大事な仕事です。まず幹事を引き受けたら大まかな人数を想定して、先にお店選びから始めます。

お店を選ぶ上で、大事なのは次の9つのポイントです。

1　コスパに見合ったお料理かどうか
2　雰囲気がお洒落で落ち着きがあるか
3　お店の広さやトイレの数などの確認
4　意外性を感じてもらえるか

5　普段、食べられないような特別感があるか
6　お店に清潔感があるか
7　現地へ行って場所の確認や料理の相談を丁寧にしておく
8　普段からお店の情報を取っておくなどアンテナを常に張っておく
9　ＳＮＳの口コミ情報をしっかりと使いこなす

＊気をつけるべき注意点

・飲み放題のコース料理だと幹事は会計しやすいけれど、料理がイマイチだったり、量が少なかったり、時間が短かったり、残念なことが多いので、料理のチェックは必ずする
・ピザとか、パスタとか、どこでもいつでも食べられる物ばかりだと飽きている人が多いので注意
・お店に清潔感がないと、くつろぎ楽しい雰囲気になれない人もいることを十分配慮
・若い人が多くてお店の中がうるさすぎ、会話が弾まない、落ち着かないといったことがないか
・お店までのアクセスがわかりづらく、遠すぎないか

・店が狭すぎて身動きが取れないということはないか

このように、参加者に不満が出ないように女性ならではの視点を活かして配慮するといいでしょう。

●出席者を増やすためには

1　参加したくなるような、わかりやすい案内用チラシを作る
2　案内は早めに出す
3　参加を促しやすいように、普段からこまめに連絡をとっておく
4　メールやフェイスブック、ラインなどによる様々なデバイスで案内を送り、情報を受けとりやすくする
5　イベントのページやグルーピングを行って参加者に随時情報提供をする
6　駅からのアクセスなどわかりやすい説明を付則する

＊気をつけるべき注意点

・参加したくなる要素をわかりやすくし、『楽しいこと』や『美味しいもの』が案内チラ

シで伝わるようにする
・メールやメッセンジャーなどのＳＮＳだけではなく電話もする
・普段からこまめに連絡を取る。年に1回しか連絡がない、幹事の名前すら知らないと言われないようにする
・場所がわかりにくい、案内がわかりにくいと思わせない
・フェイスブック、ラインなどのグループを作り、参加者の情報やお料理の内容や余興などの楽しそうな内容を、随時グループメッセージなどへアップする
・案内が遅すぎて、他に予定を入れられてしまわないように早くする
・気軽に問い合わせしやすくする

●自分を売る最大のチャンス

言葉づかいや態度や振る舞いに気をつけて、相手に好感度を持ってもらえるようにしましょう。『とても親切な人だった』と印象が残るような対応を心がけましょう。

＊皆さんが楽しい時間を過ごしていただくために計画をしっかりと立てましょう。

1 進行やタイムスケジュールに配慮する
2 余興やリクリエーションを考える
3 参加者の名前をしっかりと覚えて、笑顔でお出迎え
4 席順を考える
5 お互い親しみやすくするために名札を準備する

＊気をつけるべき注意点

・お食事をゆっくり楽しめるように名刺交換や挨拶の時間は考慮しましょう
・余興が面白くない、身内話になっていて意味がわからないと思わせないように
・お席の中で話しかけやすい人同士が同席できるような配置を考えましょう
・雰囲気に馴染めないと思わせないように参加者の気持ちになりましょう

自分が初参加だった時の不安を思いだしてウエルカムでお迎えしましょう。笑顔でお名前を呼んでさしあげると参加者は安心して居心地が良く感じられるようになります。

●全ては準備に尽きるのです

当日の企画がうまくいくかどうかは、全て準備に尽きるのです。当日に焦ってもどうにもならないこともあるので、その場合は割り切ることも大事です。当日に一番必要なものは余裕と笑顔です。何より、準備は万全に尽くし切ることです。

＊準備をすること、その他

1　進行表やプログラムや行動マニュアルをシェアする
2　乾杯や締めの挨拶は事前に依頼（短めに、など持ち時間を伝える）
3　受付表の準備
4　座席表の準備
5　お釣りの準備
6　領収書の準備
7　当日の連絡先案内
8　二次会の準備や案内
9　お礼の手紙やメッセージ

10 会場の担当者へお礼の挨拶
11 ずっとスマイル

●後日の対応が信頼度を上げる決め手となります！

次の日にするのではなく、後日の対応も当日までに揃えておきましょう。当日を過ぎるとほっとして、つい忘れてしまうことにもなるのです。できるだけ後日の対応は先に準備を済ませておきましょう。

1 余興をお願いした人へお手紙やお礼の準備
2 挨拶をしてくださった方へお手紙やお礼の準備
3 来賓にはお手紙を送ること
4 参加者へお礼状を送ること
5 参加者へ写真をシェアすること

ここの最後の大事な部分を飛ばす人がとても多いのですが、一番大事なことだと思って、この後日の対応は必ず行いましょう。

●貴女が輝く場所は職場だけではない

このような幹事を本気でやった時に、貴女の周囲の人は貴女の内なる部分を垣間見ることができるのです。そして貴女が無償で頑張る姿は人の心に突き刺さり、貴女に輝きを感じることでしょう。

貴女自身も手を抜かず全力で幹事の仕事をすることによって、多くの気づきや自信を得ることができるのです。

その自信に満ちた貴女の表情は、笑顔に溢れていることでしょう。こうして初めて幹事を経験することは、大変なことはいっぱいありますが、その経験があるからこそ、他の人の気持ちがわかるのです。

他の人が企画している席に参加した場合は、経験した貴女だからこそ、相手の気持ちに立つことができるようになるのです。出席表明は早めに済まし、お釣りのないように会費を準備したり、丁寧に参加させていただいたお礼を述べたり、そういう他者のことを思う心が、人としての成長に繋がるのです。

また次の幹事の機会を得た場合は、もっともっと前回よりも素晴らしい企画ができるようになろうと努力することでしょう。

●良きリーダーは人のお世話をする

本気で幹事の仕事をたくさん経験してきた貴女は、幹事を引き受けて困っている人がいれば手伝ってあげたり、幹事の役割を教えてあげることができるようになっているのではないでしょうか。

そうやって人のお世話をするようになると、ますますリーダーとしての資質が備わり、貴女はますますキラキラとした輝きに満ちるでしょう。

チームのメンバーが幹事をやりたくないのであれば、まずは自らが率先して人のお世話ができる人になってください。そして幹事の大切さを教えてあげてください。

それは貴女の課題でしょうか？

●男性の支払う金額で女の価値が決まるのか？

若い女性数名とランチ会でお話ししている時に、自分の価値は男性に、高そうなレストランでご馳走してもらって、高価なもの買ってもらうことだと、一生懸命に語る女性がいらっしゃいました。

私は現代の若者はデートでも、1円単位まできっちりと割り勘すると聞いたばかりだったので、割り勘するのが当たり前の世代だと思い込み、別の意味で、いまだにこの感覚の女性がいるんだなぁと、つい感心して聞いていました。

ランチ会が終わった後、その場にいたある別の女性が私の元へ質問しにこられました。さっきの話は本当なのか？　本当に女性の価値は男性が支払う金額で決まるのか？　などと、私がどう思ったのか気になったようです。

その時こう思いました。なるほど、まさに人は誰かの影響を受けながら自分の価値観を築こうとしているのだろう、と。

子供の頃は両親や兄弟から影響を受けて、好きな食べ物が同じになったり、好きなテレビも一緒に見るといった感じですが、社会に出ることで周囲の人たちと比べて、いろいろ自分との違いを感じたり、刺激を受けたりしながら成長していくのです。この女性も、今、影響を受けるべきかどうか考えているのでしょう。そして、私の意見が重要なのかもしれないのです。

●他人の物差しを使って自分を測る必要なし

さて、彼女に私は何と答えようか？　と考えながら、ふと、先ほどの女性は「男性が支払う金額で自分の価値が決まる」と言って、なぜこんなにも自慢していたのか、と気になりました。自分の価値をこんな簡単な方法で人任せにしていいものだろうか？

男性の支払う金額が高い女性の価値とはいったい何でしょうか？　その価値はいつまで続くのでしょうか？　見た目の美しさは年齢とともに劣化し、永遠ではないのです。

こうして人の評価が気になりだすと、賛否の『否』が気になり、自由に自分のやりたいことができなくなるのではないでしょうか？

しかもそれが男性の支払う金額で価値が決まるというのです。

これは考えれば考えるほど、自分のことなのに他人の物差しを使って自分の価値を測っていては、自分を愛せなくなってしまうのではないかと、そんなことが気になりました。

そこで私は、

「それは、相手の課題であって、彼女の課題ではないんだよ」

とアドラーっぽく答えてみました。

お支払い金額を、いくらまでその女性に使えるのかは男性が決めることで、男性の価値観だということです。その男性の価値観を使って彼女は自分の女としての価値を測っているのです。だから彼女は安く見られていないかどうかで、少しでも高く見られたいと、いちいち相手の反応に振り回されているのです。

こうして他者の反応が気になりだすと、彼女は自分の価値を自分で納得できなくなり、自分を愛せなくなってしまいます。

社会の中でキャリアを磨き活躍する貴女には、他人の価値に振り回されることなく、凛とした態度でキラキラ輝いてほしいと願っています。

●人間関係につまずいたという時は自分の課題を明確に

人間関係にちょっと疲れたっていう時があるかと思います。そんな時にも、誰の課題か整理しましょう。

人間関係のトラブルのほとんどがコミュニケーション不足によって生じるわけですが、後から、〝あの時もっとこう言っておけば良かった〟とか〝あんな風に言わなくても良かった〟などと思うものです。

言葉づかいや声のトーンや話し方、表情など、それら全てを使っても、相手が納得してくれるように、上手に伝えられたのかどうか？　と、そう問われると、やはり伝え方って難しいものです。

相手の受け取り方一つで、すれ違いが起こってトラブルにまで発展してしまうこともあるのです。

利害関係があれば、なおさら私情が重なっていき、自分都合で物事を考えてしまうこともあります。そうなると感情をむきだしにして、さらに攻撃を仕掛けたり、一度振り挙げた手をなかなか降ろすことができなくなったりするのです。

要するに、利害関係が強ければ強いほど不平不満が多くなってトラブルになってくるのでしょう。そして人間関係が近すぎれば近すぎるほど、相手に対して譲れない気持ちも強くなり、意固地になってしまうのです。

そんな人間関係につまずいたと感じた時に、自分の中で、自分の課題をしっかりと明確にすることで、きちんと対処できる力をつけましょう。

女性リーダーを目指す場合は特に、大勢の人の中で振り回されて心が乱されてしまうことがないようにしましょう。

人間関係に疲れてしまって体調を壊さないように、自分の課題をしっかりと明確にできる力をつけましょう。

●トラブルに他者を巻き込むなかれ

人間関係のトラブルの場合の鉄則にはまずは次の二つを守りましょう。

①相手の悪口を言わない
②相手の課題と相手の感情を自分の感情と混同しない

まず①の『相手の悪口を言わない』を説明します。女性リーダーになる人は必ず心得ておいてください。

なぜ言ってはいけないのか？　相手が周囲に自分の悪口を言っているのだから弁明くらいはしてもいいのでは？　と思うかもしれませんが、相手がどんな風に言おうと、相手のことは、貴女が『悪口を言わない』ということと何も関係ないのです。

『悪口を言う』『弁明をする』は、また別の第三者の人たちを貴女の感情に巻き込もうとしているだけなのです。第三者の人たちは興味があるから聞いてくれるけど、話を聞いたからといって、『気分が良い』『楽しい』『幸せ』などのプラスの感情にはならないのです。むしろ、人の負の感情を受け止めるという大きな役割を押し付けられて、嫌な気分にさせられてしまいます。

女性の場合、第三者をどんどんと巻き込み、周囲に負の感情を受け止めさせ、自分の味方を作ろうとする人が多いので気をつけましょう。

話を聞いてくれたら、自分の味方になってくれると思っているのでしょうが、第三者は全く関係がないのです。味方になるとか、ならないとか、自分の課題に向き合わずに人を巻き込むことはやめましょう。

次に②の『相手の課題と相手の感情を自分の感情と混同しない』を説明します。

感情を混同するというのは、相手の感情や気持ちまで貴女がいろいろ考え込んで、貴女が右往左往することです。

あの人は、私になんであんなことをしたんだろう？

あの人は、なんで私のことをわかってくれなかったんだろう？

あの人は、なんでひどいことができるんだろう？

なんで？　なんで？　と相手の課題を貴女が一生懸命に考えても、貴女には答えは絶対に出せないのです。

答えが出ないものを一生懸命に考えれば、疲れてしまうのが当然です。

しかし、人はそういうことに意外と執着するのです。執着するから白黒はっきりつけたくてイライラしたり、答えが出ないことをいつまでも考え込んだりするのです。

ですが、相手の課題は相手が考えるものです。相手が自分の課題に向き合い、成長の糧にもなるのです。相手は、〝申し訳ない〟と思っているのか、それともいまだに〝馬鹿野郎！〟と感情的になっているのかは全て相手の課題なのです。

●貴女は、もう振りまわされない

貴女は貴女のことを考えればいいのです。自分の成長の糧になるように。しっかりと自分のどこが悪かったのか？　伝え方なのか？　考え方なのか？　貴女が自分の課題に向き合うだけなのです。

大事なことは、自己犠牲や謙遜や自分を卑下せずに、必ず自分の成長の糧になるように考えることです。またここから成長できるように前向きに考えることです。

貴女の心の声をゆっくり聞いてみてください。

〝このままトラブルを長引かせたくない〟

〝早く終わらせたい〟

〝許したくない〟

〝勝ち負けの勝負だと思う〟

全部自分の中で考えればいいのです。謝りたいのか？　謝りたくないのか？　それも自分が決めることです。〝許してくれないから謝れない〟というのは相手の課題を持ち込んで言い訳にしているということになります。

許してくれなくても、謝りたかったら謝る方法がいくらでもあるということです。

謝りたくなければ、謝らなくてもいい。とにかく前に向かって自分の成長の糧になるように、自分の課題に向き合うようにしましょう。

自分の課題に向き合うことができると、人間関係のトラブルに巻き込まれた時にも、振り回されることなく、逞しく社会でキャリアを磨き、女性リーダーとして輝くことができるでしょう。

もっと輝きたいと思っている貴女へ

●伝える力

私、変わりたい。もっと頑張りたい。もっと活躍したい。もっと輝きたい。もっとキラキラしたい……。

でも、どうしても人前に出て話すことが苦手で、人の前で目立つのもちょっと怖くて、変わりたいのに変われない。吹っ切れない……。

でも私、本当に変わりたいの。絶対にブレイクスルーしたい。

そんな貴女には『伝える力』についてお話ししましょう。

●思考にするためには書きだすこと

まずは貴女がもっと活躍したい、もっと輝きたいと思ったら、貴女の想いを伝える力を磨いてほしいのです。

うまくお話をすることではなく、挨拶が上手に言えたとか、そういう表面上のことではなくて、普段から考えていることをまとめる習慣を身につけてほしいのです。

貴女が考えていることを普段からまとめておくことで、とっさに気持ちが表れるように伝えることができるようになります。

ブログでも手帳でもいいので、考えたことを必ず書きだしてまとめるという習慣を身につけてください。自分がどんなことを考えているのか客観的に見られるように、棚卸ししておくのです。

●主体性に目覚める

普段から1ヶ月ごとにサマライズしておくことをお勧めします。サマライズとは要点をまとめることです。自分の行動や考え方、反省も踏まえて要点を全て書いてまとめておくのです。

さらに、日々、知識の仕入れも怠らずに行うことです。毎日、本を読む習慣や、目上の人と会うことや、休みにはセミナーへもどんどん参加するようにしてください。

そして本を1冊読み終えたら必ず48時間以内に1000字から2000文字にサマライズしてアウトプットをすることをお勧めします。

セミナーに参加した場合も、やはり48時間以内にサマライズしておくことです。とにかく、知識を仕入れたらすぐにサマライズして、アウトプットしておくことが大事です。そうして客観的に捉える訓練をしながら、貴女の思考に取り込んでいくことが重要なのです。そうした客観性は、貴女自身の中で主体性として芽生え、やがて行動原則が生まれてくるでしょう。

●伝える力は貴女が輝く切り札となる

私も人前で話すことがとても苦手で、何をどう話せば良いのか、いつも悩んでいるのです。人前に立つと緊張して、心臓がドキドキとし始めて体は震え、呼吸がしづらくなってくるのです。

それでも、自分の考えや想いを伝えなければ、何も変わりません。だから、もっと活躍したい、もっと輝きたいと思う人たちは、ゆっくりでも、最初は下手でもいいので、伝える力を養っていくことが重要なのです。

呼吸をちゃんと感じながら、ゆっくりと吐きだす時の呼気を意識するのです。すると少しは落ち着くことができます。また、文章の最後を決めておくようにしています。

『お願いします』『ぜひ力を貸してください』『ご協力ありがとうございます』『また皆さんとご一緒したいと思います』などなど、文中よりも末尾を決めてから、何が言いたいのか最初に結論を言った上で、末尾のセリフと合わせ、話しかけるようなイメージで伝えるようにします。

まずは完璧に話すことができなくても大丈夫。勇気を持って踏みだす、その一歩が必ず貴女の力になるのです。

●男性の心も震わせる伝える力

うまく完璧に伝えることよりも、貴女がどんなことを考えているか？　について話すことが最も重要なのです。

貴女の気持ちを、思考に置き換えて、そして伝えるのです。

特に女性は、思考にするためには書きだすことです。想いをそのまま伝えると感情的になりがちですから。

男性社会の中では、論理的に伝える力が乏しい人を軽んじる傾向がありますが、逆に説得力のある話や心に染み入る納得のいく話には、心を打たれやすいのも男性の特徴です。

ぜひ男性たちの心を震わせるような伝える力を身につけてください。

そのためにも、普段から考えたことや思ったことを書きだしておくということは、思考が整理されて、論理的に伝えることができるようになるのです。

貴女の想いが、男性では気づくことができない女性特有の視点であれば、なおさら多くの人たちを惹きつけることでしょう。

●学び続ける

人前で話すことが苦手だと思っていても、必ずできると信じてください。

練習と回数が全てです。私も本当に今でも苦手で話がまとまらず緊張しています。今でも、日々、練習あるのみです。

貴女の年齢が若ければ若いほど、早く経験をすると良いでしょう。

経験の数が多ければ多いほど、とても楽しい明るい未来が貴女を待ち受けることになるでしょう。

COLUMN / 4

キラキラ輝く貴女へ
大切なことが3つある

1つ『今を輝く』
未来の不安を恐れず、過去に囚われず
今、そう、今！　その瞬間、輝き放つ！

2つ『決める』
未来を信じるのです
どうあっても、こうなると！
やりたいことを決してあきらめない、と決めるのです

3つ『素直に』
導いてくれる人を素直に信じる
その人の影響を素直に受ける

絶対絶命のピンチも女を謳歌しながら乗り越えさせてくれた

これからも、この3つを大切にして
今日を一生懸命生きます
己を信じています
そして、たくさんのご縁に感謝です

CHAPTER 5

自分を愛する
ということ

HOW TO BE SUCCESSFUL
IN A FEMININE WAY

キャリアを磨き女性リーダーとして活躍が求められている貴女には、夢、希望、キャリア、美、愛、女性性、それらの全てを手に入れて、キラキラ輝いて『やりたいことを、決してあきらめないで』女を謳歌してほしいのです。

新時代には、女性は新風となる存在です。今こそ女性の特性を活かしながら発展的な女性のロールモデルとなり、結婚、出産、育児、と様々な女性特有のライフキャリアをキラキラ輝きながら乗り越えてほしいと願っています。

この最後の章で『キラキラ輝く貴女』へ伝えたいことは、自分を愛することを習慣にしてほしいということです。自分を愛することは、自信となり、貴女を進化させる糧となるのです。

最近、私に寄せられるメッセージを見ていると、「自分に自信が持てない」「自分のことが嫌いです」「自分の顔を好きになれない」という人がとても多いのです。

私は美容家として思うのです。苦しい時や、自分に自信が持てないと思っている人や、自分が嫌いな人ほど、美容に関心を持ってほしいと。そう願っているのです。見た目の美しさや綺麗さにこだわるような小手先のことではありません。自分を大切にすることを習慣にすることで、そういう普通のことが自信に繋がり、ちょっとした心の余裕になっていくのです。

これから社会でキャリアを磨き、男勝りに頑張る日々では、女磨きを忘れないでください。そうした貴女の『美しい』を創る習慣は貴女を凛とさせる武器になるはずです。

そしてどんな場面においても女を謳歌しながらキラキラ輝く貴女であってほしいと願います。

そんな貴女は心の豊かさを感じることができることでしょう。

男社会にいた私が、なんで美容家になったのかって？

●『美しい』が武器になる

私は不動産会社を27歳で起業し、運命とともに大きな波に飲み込まれそうになりながらも、ようやくたどり着いた先で美容家になりました。

どうして急に美容家を選んだのですか？　と聞かれることが多いのですが、それは私がたどった荒波の人生の中で『美しい』が武器になってきたからです。

私がここで言う『美しい』とは、他者にどう思われるかといった小手先の武器ではなくて、自分を大切にする習慣という究極のことです。

私は自分を大切にする習慣が自分の自信を作るのだということを何度も経験し、それが生き抜く上で武器になってきたからこそ、そのことを伝えたいのです。

●自分を愛せる人こそ、人を愛で包む包容力が生まれてくるのです

自分を大切にする習慣こそが、自分自身を鋼のように鍛え、しなやかな輝きと強靭な心を持たせることができるのです。

だから私は『美しい』を創る習慣を多くの女性に知ってほしいと思います。
誰よりも自分が自分を一番に大切にして、『美しい』が自信となって、貴女を凛とさせる武器になればいいと願っているのです。

例えばこんな時に自信を感じたことはないですか？
洋服が決まった時
髪型がいい感じでできあがった時
肌がほんのりピンクに血色がいい時
肌にツヤが満ちている時
顔の緊張が取れて柔らかい表情ができる時
血流が隅々まで行き届いて、手足の先までポカポカな時
背筋がピンと張って自分の姿勢が美しいと感じた時
鞄と靴がお気に入りの時
いい香りをつけている時
指先がうっとり綺麗に見える時

いい休日の過ごし方ができた時
健康的な生活を過ごしている時

こんなちょっとしたことで、女は胸を張り、自信に満ち溢れてくるのです。

そして日々を通して、自分のことを鏡で見たり、優しく触れたり、体に良いものを選んで食べたり、そういう自分のことを大切にする習慣こそが、心の余裕を生み、他者を大切にできるのではないでしょうか。自分を愛せる人こそ、人を愛で包む包容力が生まれてくるのだと思うからです。

見た目の若さや、綺麗さを追求した、若返りの即効性を求めての一様にパターン化した美への執着ではなく、この日々のシンプルな習慣こそが、美しさを内面から滲むように現します。そのことによって幸せを感じることができるのだと考えています。

●何気ない選択が人生を変える

習慣がどれだけ大事なことなのか考えてください。例えば、電車の中でお化粧を一生懸命直している若い女性がいます。夢中でお化粧をしている顔が変顔のように歪み、周囲で見ている人たちが目を背けている光景を見かけたりしませんか？　このように周囲を気にしない、この女性の心の中はまるで、〝この人たちに見られても、関係ないから平気よ！〟と開き直っているような態度です。しかしそのふてぶてしさは、細胞レベルで表情筋に記憶されていきます。こうした習慣がふとした瞬間に表れて、このふてぶてしい顔が意地悪そうなブスに見えてしまうのです。

人は、朝起きてから音を聞き分けたりする知覚など、取捨選択を何度も行っているそうです。無自覚な選択も全て合わせると1日9万回も行われているのだとか。その9万回のうちに『美しい』を創る習慣も含まれており、この様々な日々の何気ない選択が人生を変えているのでしょう。

そうであるなら、普段の状態でほぼ無意識に、良い習慣を選ぶことができれば、無理なくナチュラルな状態で、基準の高い幸福感を得られることでしょう。

●男勝りに活躍する女性ほど振り子論理のように

男性社会の中で活躍しようとすると、ついつい肩に力が入りすぎて男勝りに頑張りすぎてしまうこともあると思います。頑張れば頑張るほど女性らしさを見失ってしまいがちです。

しかし、遠くを見ると近くが見えにくくなり、近くを見ると遠くが見えなくなるようでは、自分を見失う恐れがあるのです。何事も振り子の論理のように偏らず、振り幅を少しずつ大きくしながら成長することが大事なのです。だから男勝りに頑張る人こそ、女性らしさを失わないようにと願っています。

私は、美容家として、多くの女性たちが自信に満ち溢れて、素敵な笑顔で、輝きを放ちながら活躍する姿が見たいと思ってます。

輝きながら女性リーダーを目指す貴女には、女磨きにも決して手を抜かずに『自分を愛すること』ができる、『美しい』を創る習慣作りを怠らず、キラキラ眩しい活躍を期待しています。

誰よりも貴女が一番に貴女を愛すること

●素敵な経験を重ねた女性の輝き

社会で活躍する貴女には、男勝りに頑張れば頑張るほど『女磨き』の追求を忘れず、キラキラと輝いていてほしいと思っています。

そして女性は歳を重ねるたびにますます美しくなっていくことを、貴女自身で実感してほしいと思います。

素敵な経験を重ねている女性は、滲みでるような優しさ、優雅さ、柔らかい仕草、温かい眼差し、愛情深い微笑み、包容力、肌の艶感、健康的な顔色、手入れが行き届いているナチュラルなお肌の質感、内面からイキイキと溢れる生命力、芯の強さ、などなど、生きてきた姿が自信となって、見た目にも輝きが満ち溢れているでしょう。

●変化は突然現れる

女性は年齢を重ねるほどに、その人の生きてきた姿が美しさとして現れだすのです。しかし女性は男性よりも早く、体の衰えを感じていきます。

年齢とともに、体の疲れや見た目の衰えに不安を感じている、という人も多いと思うのですが、実は肉体の衰えや見た目の老いというのは、緩やかに進むのではなく、ある日を境にして、階段を降りるようにガクン、ガクンと下がっていくのです。

【多くの女性の悩み】

・30代の半ばに大きくガクンと体力の低下や衰えを感じ、見た目の変化を実感する
・そして、ほとんどの女性がそこで一度は猛烈に抵抗する
・40代に入ると、さらにガクンガクンと下がりいく一方
・本気で慌てて右往左往し、あの頃の輝きを取り戻したいと、いろいろ抵抗する
・40代半ばに、何をやっても結果に結びつかず、ついにあきらめの境地に陥る
・50代を前にして、私にはもう美容は必要ない！　そんな強がりを言うようになる
・50代半ば、転げ落ちる勢いだった老化現象もいったん歯止めがかかる
・60代、きちんとエイジングケアできている人と、そうでない人の差が一気に開く

こうした年齢とともにやってくる『肉体の衰え』、『体の疲れ』、『見た目の老化』は何も

しないと普通に誰にでもやってきます。

突然ガクン、ガクンとやってくるから、みんなビックリして、慌てて焦りだすのです。

そして、こうした焦りが、心の豊かさを失わせ、幸せが遠ざかっていくのです。

忙しさのあまりにメンテナンスを怠った人は突然の変化に焦るのですが、その時にもどうか焦らずに、普段の習慣をゆっくりと見直しましょう。

●普通の『事』の繋がりが幸せを感じさせてくれる

人は変わらない普遍性のものに、安心感と幸せを感じるのだと言います。

要は普通の『事』を繋げていくことが大事だということです。

健康的であること、喜びや、悲しみ、泣き笑い、人間らしい心、倫理観、地縁、人との結び付き、肉親の愛、そんな様々な普通の『事』が日常の人間らしい生き方となっているのです。

もっと簡単に言うなら、毎日きちんとお化粧をして、髪を整えたり、丁寧なスキンケアをしたり、家の掃除をし、排水溝やタイルの目地まで隅々を磨き綺麗にする、朝は早起きし、定期的に健康診断に行く、たまには癒しの場所に行く、好きなジャンルの本を読み、好きな音楽がある、一緒にいると気持ちが明るくなる友がいる。などなど、そんな普通の『事』の繋がりを続けて生きているのです。

その普通の『事』の繋がりが幸せを感じさせてくれるのです。

そしてこの普遍的な日常が、自己統一性を保ち、変化に身をさらした時にも多様化した時代を生き抜く強さになるのです。

年齢を重ねるほどに美しい女性たちは、毎日の一つ一つの『事』を大切に生きて、その瞬間、その年齢にともなった最上級の日々を丁寧に過ごしているのです。

そんな習慣が年齢を重ねるほどに自信となって凛とさせ、内面から滲む美しさに変わるのでしょう。

●誰かに愛してもらおうと依存してしまうのは違う！

『誰よりも自分が一番に自分を愛すること』を続けていると、若さや見た目の美しさという、そんなうわべの姿形ではない、内側から滲む美しさを放つようになるのです。

そうやって年齢を重ねるほどに、その人の生きてきた姿が自信となって美しさに現れ、それは、心の豊かさに繋がって他者を包み込むような優しさや愛情深さに変わるのです。

しかし一方で自分を愛せない人がとても多いというのです。

「自分の顔が嫌い」「自信がないから人前で話せない」「自分のことを好きになれない」と、とても残念ですが、そう言って自分を大切にしない人が多いのです。

そして自分の代わりに、誰かに愛してもらおうと、依存してしまうのです。さらに「私は誰からも愛されません」と悲観して自分に自信を持てなくなってしまうのです。

また、男社会で男勝りに頑張る女性ほどプライベートでは男性に甘えて愛してもらいたがる女性もいるのですが、誰かに愛してもらおうと依存しすぎると、他者の態度や気分や考え方に振り回されて本質を見失い、自信をどんどん失ってしまうことになるでしょう。

●心の豊かさが愛情の深さ

貴女が女性リーダーを目指すのであれば、貴女が無償の愛を感じさせるような、包み込むオーラが欲しいものです。見返りを求めるような優しさではなく、無償の愛です。

そんな愛情深い女性リーダーには、チームを一丸にする力があるのです。

貴女の包み込むような優しさや愛情は、貴女自身が自分を大切にすることから生まれる心の豊かさにあるのです。

ぜひ今一度見直しましょう。『誰よりも貴女が一番に貴女を愛すること』を貴女の日々の生活にしてください。

●デキる女性は管理ができている

季節の変わり目や、気温の変化、寒暖差に体がおぼつかないと感じ始めたら、それはサインです。

例えば、眠りが浅い、体が浮腫《むく》む、肩こりや食欲不振、急な体重増加など。気温の変化に体の代謝が落ちて浮腫みやすく、胃腸や臓器も疲れが癒えず、こういった症状は体のサインなのです。体に毒素や水毒と呼ばれるものが溜まった状態で、うまく代謝ができなくなっているのです。

その理由は、食生活の乱れや、不摂生な生活習慣です。それらが不定愁訴となって異変が起こり始めているのです。

忙しさのあまり、毎日の食事をただ無造作に食べていませんか?

食事をすることは、脳の満腹中枢を満たし、お腹いっぱいにすることではありません。

大事なのは、体のことを考えながら、何を食べれば必要な栄養素を取ることができるのか、その日々の習慣こそが大事なのです。

『腸を整える』『栄養バランスを考えて食べる』『食べる時間を不規則にしないように気をつける』『加工品など化学物質を多く摂らないようにする』『生活習慣を乱さないよう気をつける』『体を冷やしすぎる食べ物や飲み物に気をつける』『毒素を排出しやすいように水分バランスも整える』など、このような習慣に気をつけるだけで、自然と体は健康になり、肌も美しくなるのです。

ダイエットで失敗経験のある人はわかるはずですが、ダイエットをするためにカロリー計算や糖質計算をして〝あれは食べてはいけない〟〝これを食べてはいけない〟と、そう思えば思うほど人は執着するのです。執着すればするほど、食べたい欲求から逃げられないものです。だから、私はこう思うようにしています。

〝今日は何を美味しく食べようか！〟〝体が喜ぶ栄養素は何がいいかな？〟と。

そんな風に考えながら食べると、脳が自然と満ち足りて、暴飲暴食がなくなり、手軽に食べられる加工食品には手を出さなくなるのです。

そうしているうちに、健康な体を作り、同時に気持ちの安定にも繋がります。そして、細胞レベルで健康な体を作るためにも、質のいい血の巡りが大切なのです。

美しく潤いのあるお肌や美しいボディラインをキープしている人は『ちゃんと選んで食べている』のです。

ぜひ、社会で活躍する女性たちほど、自分の体を大切に考えるその習慣を身につけてほしいです。

健康管理も見た目の美しさも、まずは食べることからです！

『誰よりも貴女が一番に貴女を愛すること』のできる女性となってください。

女性が苦手

●女性は苦手！　そう思ったことありますか？

5年前の私だったら苦手だと答えたと思うのですが、今は考えがガラッと切り変わりました。

昔の私は、異性の方が楽だと感じていたのです。さっぱりしているし、いちいち細かいことを言わないし、何をやっても許されるような感じがして、大切にしてもらえるし、気を遣わなくて楽だと思っていました。

これらの理由が全部、自分に都合のいいことばかりなのです。

では、なぜ同性である女性が苦手だったかというと、女性といると気配りや気遣いをしなければならないし、相手のペースに合わせなければいけないことが多かったりします。興味がない話や話題にも上手に合わせて盛り上がるのです。そして、いちいち、こまめに連絡をやり取りしたり、顔色を気にしていたり、いろいろ大変だと思っていたのです。

こうやって理由をよくよく考えてみると、なんて私は自分勝手な人間なのだろうと気づきました。自分が楽な方に親しみを感じてすり寄っていたのです。

この世に男か女の2種類しかいないのに、同性の女性に対して、自分の都合で好きか嫌いの判断をして、別に女同士でつるまなくても生きていけるし、社会は男性社会だし、そんなもんだろうと、自分の欠落している身勝手さを反省してこなかったのです。だから女性は苦手だと思っていたのです。

しかし、そんな私も、この数年間で多くの女性経営者の皆様と知り合う機会をいただいたことで、ガラッと考えが切り替わったのです。

そのような素敵な女性の皆様たちのおかげでようやく気づくことができたのです。

●歳を重ねるたびに美しくなる女性の秘密！

キラキラ輝く素敵な女性の皆様は、私が苦手だと思っている女性同士の気遣いをサラリと対処されています。

気配りや目配り、心配りが当然のようにできていて、
相手のことを尊重したり、

女性らしさに手を抜かなかったり、
話題がとても豊富で楽しかったり、
礼儀や作法が美しく、
丁寧なお付き合いをこなされている。

このキラキラした女性の皆様と最初にご一緒させていただいた時の私の様子は、一人ひとりの所作や仕草から目が離せず、挙動不審な有り様でした。

ですが、そうして皆様とお付き合いを深めていくうちに、おかげで自分の欠落していたダメな部分に気づくことができたのです。

皆様からの刺激が、今までの考えをガラッと切り替えるきっかけになったのでした。

●同性だからこそ、厳しい目線

40代、50代、60代、その先もずっと歳を重ねるごとに、私も皆様と一緒に刺激を受けながら素敵になりたいと、強く願うようになりました。

今の私が思うことは、女が女に対して目線が厳しいのは当たり前ということ。なぜかというと、娘だって息子より母親に厳しいものなのです。母親だって息子より娘への目線は同性ですから、厳しくなるものです。

同性だからこそ、厳しい目線になるのは当然のことなのだと気づいたのです。そんな厳しい眼差しで刺激をくれる関係を、自分の成長する機会だと考えられるようになったら、むしろ〝どんどんと、ビシバシと厳しさをください〟と思うようになったのです。

もし貴女がまだ女性を苦手だと感じていたら、私のように、挙動不審になりながらも、少しだけ違う目線で周りを見渡してみると、きっと何かが見えてくると思うのです。

だから、一歩、踏み込んでみませんか？　若さにはない、歳を重ねるたびに美しくなる女性の秘密を手に入れることができるはずです。

男性社会で生きる女性リーダーは、まさに振り幅が広がるチャンスです。ますます女に磨きをかけて、社会で活躍するリーダーになってほしいと思います。

●幸せすぎる近未来図

私は、幸せだと感じる未来を思うままに書くことをお勧めしています。ぼやっとした緩い感覚ではなく、強い意志を持って近い未来を思うままに書きだすのです。近い将来に起きてほしい出来事や、幸せだと思うような日々を、プライベートだったり、ビジネスだったり、一つ一つの場面を想像して書くのです。

そう、まるでその光景を写真で見ているかのように。そして物語になるように。

そんな楽しい想像の翼を広げ、私の２０１７年に書いた近未来図をここでご披露いたします。

【幸せすぎる近未来図（私の想像の世界：美容家編）】

美容家ミワイケハタの世界観が雑誌で次の通り紹介されています。私のお伝えしている習慣美容が取り上げられてとても嬉しい。

記事の内容は以下の通りです。

『ミワイケハタの考える美とは自然体に近く、日常の何気ない考え方や食事の方法などから、心や体にとって本当に良いものを自分で選び、内面からの輝きを引きだす習慣を伝えている。マシンやメディカルといった即効性のある美容とは真逆だが、ストレス社会の中で忙しさのあまり忘れがちな自分を大切にする習慣は、社会で頑張る女性たちから多くの支持を得ている』

私の伝えたい習慣美容が少しずつ世に広まり、最近コラムを書かせていただくことになりました。とにかく『自分を大好きになってほしい』、そんな思いを伝えたいのです。『自分を大切にできる人』だからこそ、他者へもたっぷりと愛情を注ぐことができるのです。本当の美しさとは、内側から発せられる輝きなのです。

【幸せすぎる近未来図（私の想像の世界：プライベート編1）】

幸せすぎる人生に感謝して生きる。

『本当の幸せ』に気づいた時から幸せはすぐそばにあると知ったのです。

若い時には青い鳥症候群のように、どこかにもっともっと自分のふさわしい場所があると思い、必死でもがいて、苦しんでいたし、すぐそばにある今の幸せに気づかなかった。今、ようやく『本当の幸せ』に気づいて人生が楽しくてしかたがない。

そんな私の幸せの一つが、誰かが喜ぶことをお手伝いすること。誰かが嬉しいと感じることや、『楽しい』『ありがとう』『幸せ』と思ってもらえるようなことが、私の嬉しくて幸せを感じることです。今年もたくさんの人の笑顔に出逢いました。今とても幸せです。

【幸せすぎる近未来図（私の想像の世界：プライベート編2）】

「好きって言葉よりも、そばに長くいる時間よりも、何か高価なものを与えてもらうよりも、心が繋がっていることが幸せです。あなたに感謝です」

と、こんな風に言える相手がそばにいます。

【幸せすぎる近未来図（私の想像の世界：プライベート編3）】

友達に囲まれて、たくさん笑って、たくさんお話しして、たくさん飲んで食べて旅行にいっぱい行って、温泉巡りして、美味しいものもいっぱい食べた。お芝居やクラシックコンサート、そして美術館へも行った。海外にも行った！ そして、新しい友達もいっぱいできた！

これからも50歳、60歳、70歳、80歳といくつになっても、ずっと変わらず元気で楽しく過ごそうね！

私の想像の『2017幸せすぎる近未来図』いかがでしたか？

貴女の近未来図をぜひ広げてみてください。そして幸せをたくさん書いてください。

女は幸せになりたい生き物です

●世の女性たちは朝からすることがいっぱいです

やっぱり女性にとっては毎日の服選びが大変です。

しかも清潔感を感じさせられるような大人の女性になるためには、一日にやることがとても多いのです。

今日は誰と、どこで、どんな打ち合わせになるか？　どういう風に魅せたいか、それによっても洋服選びが変わります。

そして、その日の体のコンディションでも洋服選びは左右されます。きっちりした服が良いのはわかっていても、肩がこったり、ウエストラインが気になったり、洋服によってはシルエットを壊さないように、下着から考えたり、靴やバッグやアクセサリーまで選択しなければなりません。

さらに、髪を巻いてツヤ感を出して、スキンケアを丁寧に潤いチャージして、紫外線予防をしっかりキープして、今日のスタイルに合わせたメイクアップをする。

女性たちはこうして本当に大変なんですが、毎日頑張っているのです。

カッコよく決まった日は、なぜかいつもより胸を張って、自信に溢れ、綺麗の魔法にかけられたような気分になります。

やはり女性にとって、こうした習慣が武器になるのです。働く女性たちは時間に追われながらもこうして大事な『事』を毎日繰り返して行っているのです。

●服で女の人生が変わる

私は洋服選びがとても苦手で、センスはゼロです。

私は幼稚園から高校までずっと制服に身を包んでいました。中学に入ると、同級生たちがファッションに目覚めて雑誌を見ながら着たいお洋服を想像し、お休みには買い物に出かけてどんどんファッションセンスに磨きをかけていく頃に、私はずっと部活を続けていたので、休みの日もユニフォームかトレーニングウェアを着る日々で、一向にファッションセンスが磨かれなかったのです。

そして大学に入って急にお洋服選びの日々が始まりました。毎日、何を着ればいいのか？お化粧はどうするのか？　靴やバッグはどうすればいいのか？　大慌ての日々です。大学の先輩たちは大人の女性の雰囲気を醸しだしていて、うっとりするほど美しくて、私の憧れの存在でした。

この頃は〝もっともっとファッションセンスを若い時に磨けば良かった〟と、何度も後悔したものです。なかなかファッションセンスを一気にアップさせるのは難しいと、この時は本当に悔やんだものです。

その後、社会に出てからも、服のセンスはなかなか良くならなかったのですが、専門店でコーディネートをしてくれるセンスの良い販売員の女性と出逢ってからは、TPOも教えてもらいながら、毎朝のお洋服選びが簡単になるように教えていただき、全て写真できちんと管理するようになりました。

こうして苦手だった朝のお洋服選びの時間が画期的に短くなり、着ているコーディネートに安心感が持てるようになりました。

そして、女にとってやっぱりお洋服選びが安心できると、なぜか自分の中で自信に繋がることを実感しました。

話は変わりますが、娘が小学生の高学年になる頃から、月刊誌の『ピチレモン』や『セブンティーン』という中学生が読むようなファッション雑誌を毎月買ってきては、娘に「女はファッションセンスがなかったら損するからね。女にとって大事なのよ！」と言って渡したものです。

娘が私のようなファッション音痴にならないようにという親心だったのですが、そんな娘も大人になり、「やっぱり私はファッションが大好きなの。それはあなたが私に毎月買ってきてくれた雑誌のおかげだよ」と言い、現在ではアパレル関係に就職させていただいています。

●幸せの想像の翼を広げる

美しい人を見て「うわ〜綺麗〜〜」と言って振り返るのは、実は男性より女性の方で、その女性の美しさに目を奪われているのではないでしょうか。

男性が女性を見る時、それは、性的欲求を満たす本能で見ているのだと思います。お尻の形や胸の大きさ、足首のキレや顔の美しさ、そして若さ。そんな外見で男性たちは、自分の欲望が満たせるかどうか？　興奮するには十分かどうか？　と見ているのかもしれません。

しかし、女性が美しい女性を見る時は、自分もあんな風に綺麗になりたいと、美しく輝く自分の姿を、その美しい人に重ねて、何度も何度も想像し、幸せの疑似体験をしているのです。その人のように、美しくなった自分を想像して、着たい服を存分に着て、街を歩く自分の姿を想像するのです。

同じサングラス、同じ伊達眼鏡をかけて、とっても素敵なレストランで、食べたことのない美味しい食材を味わいながら、美味しいシャンパンと楽しい会話が続く。そんな素敵な日々を過ごす想像をするのです。

私も、あの美しい人と同じようになれるかも？　と想像の翼を広げるのです。

女性にとって美しさと幸せは切っても切れないものなのです。

そうやって想像の翼を広げているだけで気分が上昇して、幸せを感じることができるのですから、いくつになっても女性たちは美への欲求は手放してはならないのです。

ずっと、いつまでも輝く女性であり続けたい。そう思って生きてほしいと思うのです。

社会で男勝りに頑張る人こそ、女性らしさを失わないように願っています。

私は、美容家として、多くの女性たちが自信に満ち溢れて、素敵な笑顔で、輝きを放ちながら活躍する姿が見たいと思っています。

●幸せの極意とは

幸せの極意とは、『誰よりも貴女が一番に貴女を愛すること』から生まれる心の豊かさです。

心の豊かさは、貴女の包み込むような優しさや愛情に変わり、周囲の人々を喜びに溢れさせることができるのです。そして、その周囲の人々の喜びを感じて、貴女は本当の幸せを感じることができることでしょう。

女は幸せになりたい生き物です。

私も貪欲に幸せを選び、その道を歩みます。

おわりに

本当の幸せの極みとは

精神的にも肉体的にも限界に近い極限を乗り越えた先に待っているものは何なのか？

心の余裕を取り戻すまで、どれほど苦しい思いを乗り越えてきたことかと、その過去を振り返ると、少しは報われたってていいのでは？　と思うこともありました。

〝人の輪の中心になりたい〟

〝いつまでも若々しく輝きたい〟

〝家族と永遠に笑って過ごせるようにお金を稼ぎたい〟

そんな風に思ったこともありました。

しかし、驚愕の人生を奇跡的に乗り越えてこられたのは、全て人の支えがあってのことです。

今から6年ほど前、ようやく借金の返済の目処が立ち、お金の心配をする日々から解放され、人並みの余裕を取り戻すことができました。

ずっと戻りたいと思っていた生まれ育った地元に、マイホームを手に入れて住み慣れた街に戻ることができました。

私たちは、その達成感を味わい喜び勇んでいました。

母も両手を上げて喜んでいたはずなのに、母は、ほっと肩の荷を降ろしていくように、そして嫌な思い出を消し去っていくかのように認知症を患うようになりました。

私は、なぜだろう？　こんなにも頑張ってきたのに、何がダメだったんだろう？　と自分を責めるような思いになりました。そして、ある日突然、私は、すっぽりと巨大な心の迷路の中に入ってしまったのです。そして、その迷路から出てこられなくなっていくのです。ずっと、ずっと、ずっと。出口はどこ？　どこに出口はあるの？　と探し続けているのに、迷路の中で意味もわからず迷い続け、いったい自分が何に迷っているのかすらもわからなくなってしまいました。

取り戻したいと願った生活が返ってきた。苦しい日々は乗り越えた。なのに、今も苦しい。次は何に向かって励めばいいのか、もうわからなくなっていたのです。

そうやって、何を頑張ればいいのかがわからなくなって、すっきりとしない日々を闇雲に駆け回りながら過ごすのでした。

自分なりに答えを見つけだしたくて、それまで以上に精力的に仕事に励み、社会活動を続けようと駆け回っていました。活動範囲を広げれば何か掴める気がして、積極的に新しいことにもチャレンジするようにして、貪欲に走り回っていました。

人のご恩の中で生きてきた私が、感謝の気持ちを忘れていた訳ではないのですが、この何ともすっきりしない別の感情をどうにも抑えきれないのです。だから、もっともっと成功すれば報われるのか？　もっと活躍すればその答えが手に入るのか？　と思い、ますます闇雲に走り回るのです。

でも、そんな自分に対して、何とも言えない浅ましさを感じ、ますます迷路の奥深くへ入っていくような違和感を覚えるのです。

そんな悶々とした日々を過ごす中で、私はずっと思っていたことがあります。

〝これだけの逆境を背負わなければならなかった私の人生の意味を知りたい〟と。

それがわかれば、きっと心がすっきりするんだと、そう思っていました。

そんな思い悩む日々に、その日は突然来ました。

迷いが吹き飛んだ出来事はとても簡単なことでした。いつもよくかかってくる兄からの1本の電話でした。その電話の会話の中で兄が私に言った言葉が、私に答えを気づかせてくれました。

「いつも助かるわ。お前がいててほんま、安心している。ありがとう」

という言葉でした。

普通に兄が私によく言ってくれる言葉なのに、この日はなぜか、私の中で稲妻が走るような大きな刺激となり、それとともにじわーっと涙が出ていたのです。

この言葉が聞きたくて、家族が喜んでくれることや、誰かが喜んでくれることが嬉しくて、だから、必死になって、あきらめずに、藁にもすがる思いで生きてきたんだ、と。

母にも喜んで幸せになってほしいと思っていたのに、悔やんでも悔やみきれない思いが私の心を混乱させていたのだと、ようやく気づけたのです。

兄のおかげで、大切なことを思いだすことができたのです。私の幸せは、すぐそこにあったのです。それは、そばにいる人たちが、喜んでくれることだったのです。


人のご恩の中で生きてきた私が、この先の歩む人生に、何を一番に大切にして生きるかを考えれば考えるほど、出てくるのは、何かお役に立ちたい、すぐ近くにいる人や、私を必要としてくださる方のお役に立ちたいという思いでした。

そして偉そうなことを言うわけではないのですが、世のために尽くすことができれば嬉しいと思うことでした。

私の『本当の幸せの極み』とは、人の喜びを感じることだったのです。

これまでの人生の中で、進めば進むほど、歩めば歩むほど、〝誰かのお役に立ちたい〟〝喜んでもらいたい〟〝人の笑顔が見たい〟という想いが、私の進化の糧になっていたのです。そして誰かが喜んでくれることが私の『幸せの極み』だったのでした。

絶体絶命のピンチを苦しくても乗り越えたからこそ、強く逞しく生きてこられました。
たくさんの人のご恩に支えられて乗り越えた人生を心から感謝しています。
今の人生がとても幸せです。

たくさんの人のご恩が、そう気づかせてくれたのです。
そう気づかせてくれた人生に感謝いたします。

平成29年3月

池端美和

池端美和

IKEHATA MIWA

美容家・美調香アーティスト。1973年生まれ、大阪府出身。27歳で圧倒的多数男性社会の不動産業界で起業。36歳で美容家としての活動を決心し、これまで1000人以上のお客様のカルテ指導をする。また、『広がる香りの世界』をビジネス世代から子供達まで全ての人に、好きな香りに包まれる暮らしを簡単に取り入れてほしいと願い、アロマライセンスカレッジ大阪校を開講。美調香アーティストとして活動する。

20代後半からパラレルキャリアを築く中で青年経済人と呼ばれる男性リーダーと共に活動し、その圧倒的多数の男性組織で女性特有の様々な疑問や不便を感じながらも男性に左右されることなく『女坂』を駆け上り、ライフキャリアを築き上げ、20～30代の女性たちが輝き、活躍するための支援団体を立ち上げ、女性リーダーの育成活動をする。講演やセミナーのテーマは女性リーダー育成、心身共の健康と美容、ライフキャリアなど。

プロデュース商品に化粧品ブランド『Miwaikehata～ミワイケハタ～』などがある。

ミワイケハタ公式サイト　http://miwaikehata.com

どんなピンチも女《おんな》を謳歌《おうか》しながら乗《の》り越《こ》えた。

私《わたし》、やりたいことは、決《けっ》してあきらめない！

～借金《しゃっきん》28億円《おくえん》を抱《かか》えたシングルマザーの奇跡《きせき》を起《お》こす逆転《ぎゃくてん》マインド～

著者　池端美和《いけはたみわ》
2017年4月29日　初版発行

発行者　磐﨑文彰
発行所　株式会社かざひの文庫
〒110-0002　東京都台東区上野桜木2-16-21
電話／FAX 03(6322)3231
e-mail:company@kazahinobunko.com
http://www.kazahinobunko.com

発売元　太陽出版
〒113-0033　東京都文京区本郷4-1-14
電話 03(3814)0471　FAX 03(3814)2366
e-mail:info@taiyoshuppan.net
http://www.taiyoshuppan.net

印刷・製本　シナノパブリッシングプレス

装丁　BLUE DESIGN COMPANY

撮影　塚本ダイ
協力　株式会社コミュニケーションデザイン　玉木剛
株式会社コミュニケーションデザイン　久保田知子

ISBN978-4-88469-901-7